経済学の考え方

像经济学家一样思考

[日] 宇泽弘文 —— 著
李博 尹芷汐 —— 译

目 录

序 言 i

第 1 章 经济学的性格 1
    火热的心和冷静的脑　5
    经济学的两大流派　6
    理论与实证　6

第 2 章 亚当·斯密的《国富论》 9
    亚当·斯密的一生　12
    《道德情操论》　14
    《国富论》　15
    市场与分工　16
    自然价格　17
    资本积累　18
    第三篇　19
    第四篇　20
    第五篇　21
    经济学的原点　21

第 3 章　从李嘉图到马克思 23

  李嘉图和马尔萨斯　25
  李嘉图的经济学　26
  马尔萨斯的经济学　28
  古典派经济学的终结　28
  卡尔·马克思　29
  马克思的阶级概念　30
  马克思的"资本"　31
  社会主义经济学　32
  生产资料的社会所有制　35

第 4 章　现代经济学的诞生：
　　　　瓦尔拉斯的一般均衡理论 37

  改变经济学的三本名著　39
  卡尔·门格尔的归属理论　40
  瓦尔拉斯一般均衡理论　41
  消费者行为分析　42
  劳动供给的分析　46
  竞争均衡　47
  生产者行为分析　48
  市场均衡　52
  一般均衡理论的主要内容　54
  希克斯的"周"　55
  费雪的时间偏好理论　57
  新古典经济学的理论前提　59
  新古典经济学的基本命题　64

第 5 章　托斯丹·凡勃伦：
　　　 新古典经济理论的批判者 71

　　新古典经济学的理论前提　73

　　《有闲阶级论》　74

　　《企业论》　75

　　产业和营利的背离　77

　　金融资产市场的不稳定性　79

　　《工程师和价格制度》　82

　　大萧条　83

第 6 章　凯恩斯的经济学 85

　　凯恩斯的一生　87

　　《通论》　90

　　凯恩斯提出的问题　91

　　凯恩斯的理论前提　93

　　凯恩斯的阶级观　95

　　两个基本前提　98

　　投资概念　98

　　预期的作用　100

　　投资理论　100

　　有效需求理论　102

　　流动性偏好理论　104

　　希克斯的 *IS-LM* 分析　107

　　凯恩斯的理性主义　110

第 7 章　战后经济学 113

　　第二次世界大战后　115

　　凯恩斯革命　117

　　美国的大学与凯恩斯主义经济学　120

　　麦卡锡主义与经济学　121

　　战后经济学的发展　127

　　经济增长理论　129

　　一般均衡理论的数学分析　132

　　越南战争和经济学　134

第 8 章　琼·罗宾逊的经济学 137

　　琼·罗宾逊的一生　139

　　《资本积累论》　144

　　"新重商主义"　145

　　《经济学的异端》　146

　　经济理论的第二次危机　147

第 9 章　反凯恩斯主义经济学的盛行 153

　　理性预期假说　156

　　实证经济学　161

　　理性主义经济学　162

　　供给学派　164

　　拉弗曲线　165

　　费尔德斯坦的主张　168

　　货币主义经济学　169

第 10 章　现代经济学的发展 179

　　反凯恩斯主义经济学的终结　181

　　现代经济学的潮流　183

　　动态不均衡理论　185

　　理查德·卡恩　188

　　霍特里-小谷理论的拓展　190

　　霍特里-小谷模型　195

　　社会不均衡　202

　　社会共通资本　204

　　社会共通资本和社会的不稳定性　208

　　合理的社会共通资本制度　209

　　终　章　213

　　后　记　219

序　言

第二次世界大战结束后的约四分之一个世纪，世界经济都保持着相对稳定的状态。虽然每个国家都遇到过各种问题，经历了经济上的波动，然而就世界经济整体而言，这 25 年可以说是稳定而充满希望的时代。

二战刚结束时，除了美国，世界上的多数发达工业国家几乎被战争毁灭，但这和政治民主化一起成为战后经济发展的契机。由关税及贸易总协定（GATT）和国际货币基金组织（IMF）支撑起来的国际经济秩序推进了各国的经济发展。很多由殖民地独立而来的国家开始大力发展建设。而在社会主义阵营里，中国的经济发展让人惊叹，苏联和东欧各国的经济也在平稳发展。

世界经济的稳定也使经济学领域出现了相对平稳、安定的局面。在资本主义经济中，过去作为危机理论的凯恩斯主义经济学已被新古典综合经济理论同化，转变为增长经济学，成为关于资本主义制度发展的重要政策哲学。另一方面，在社会主义诸国，马克思主义经济学为计划经济提供了理论依据。资本主义经济学与社会主义经济学共存，并以极其自然的形态维持着学术上的分工。

然而世界经济的平稳状态并没有维持多久。资本主义制度的经济循环机制看似稳定，在根源上却存在着不稳定的因素，其经济基础十分脆弱。社会主义经济以快速推进重工业为中心的成长方式也暴露出一些问题。但这些问题都隐藏在深层，经过很长的时间才出现在世人的视野里。

整个 20 世纪 60 年代，无论是资本主义还是社会主义，其经济制度内部隐藏的矛盾开始暴露出来，发展成为事关体制生死存亡的危急问题。

危机在资本主义国家表现为美国经济低迷不振，以越南战争规模扩大为导火索，并在 1971 年尼克松总统推出新经济政策后达到顶点。在社会主义阵营，苏联 1956 年入侵匈牙利，1968 年介入捷克斯洛伐克内政，都象征着苏联在经济上的巨大缺陷。

经济学思想从 20 世纪 60 年代后期至今经历了巨大的变革和混乱。不仅是新古典经济学理论，就连凯恩斯主义经济学也失去了理论依据，陷入威信扫地的境地。马克思主义经济学也经历了巨大的变动，失去了过去在思想上的主导地位。

直到 20 世纪 80 年代末期，终于出现了超越剧变和混乱的具备崭新思想模式和分析方法的理论萌芽。本书将回顾经济学的思维方式是如何发展至今的,考察当今经济学所处的局面,管窥新潮流的特性。

第1章 经济学的性格

经济学一方面将人类经济行为作为直接研究对象,揭示隐藏在现实经济现象背后的各种因素,归纳经济社会的基本运行法则,另一方面也有消除贫困、纠正不公平现象、稳定物价、发展经济等实践性目的。在单个或多个社会中,相互密切关联的人根据所处社会的历史、文化、技术以及制度上的各种制约条件来做出经济上的选择,正是这些选择决定了社会经济现象的特质。从这个意义上来说,经济学是一种"社会"科学。同时,经济学又可以揭示各个社会的制度性限制,运用科学的方法阐述不同社会制度条件下人们的行动法则。从这个意义上说,经济学可以称为一种社会"科学"。

然而,经济学与通常所说的科学又有所不同。因为经济学研究的经济现象,说到底是发生在某种历史进程中的人类社会活动,是无法重复观测的历史现象。它既不像自然科学那样可以设计新的实验,也不能像天文学那样能够在同样条件下反复观察。因此,经济学的研究需要有深邃的洞察力和严密的理论构建力。经常有人说，经济学是科学中最具艺术性的，又是艺术中最具科学性的。

经济学还带有实践性的一面。很多经济学家之所以对经济学这门学问产生兴趣，并下决心将其作为一生的事业，是因为对贫困和分配问题的关注。为什么在同一个社会或国家里，有的人苦于贫穷、每天连温饱都难以解决，有的人却能够丰衣足食甚至挥霍无度？纵观世界，为什么国家之间贫富差距如此巨大？纵观某一个民族的历史，为什么有的时期国贫民困，有的时期却国富民强？经济学家的终极目标，就是了解人间疾苦，摸索消除贫困的方法和策略。

日本有一本杰出的经济学入门书，即河上肇的《贫乏物语》（1917）。这本书是70年前写成的，现在读来仍然让人深感贫困问题是经济学最中心的课题。河上肇探讨的贫困，主要是指无法充分享有生活必需品、作为人不能自由地掌控生活的状态，这种贫困在当今日本也依然是重要的问题。无可否认，解决这种贫困是我们切实的任务。河上肇在《贫乏物语》的前言里引用了约翰·拉斯金（John Ruskin）的名言"生命是唯一的财富"（There is no wealth, but life），强调经济的目的不是追求财富本身，而是求道的过程。纵观20世纪80年代的日本经济，可以看到经济发展与生活品质提高之间仍存在着巨大的鸿沟。河上肇关注的贫乏在70年后的今天依然是我们亟待解决的深刻课题。

火热的心和冷静的脑

经济学有两个目的：一个是运用科学和理智理解经济现象；另一个是提出实践性的建议，让人们都过上富足的生活。所以经济学者既需要一颗火热的心，又需要一个冷静的头脑。经济学的这种双重性格使这门学问更具魅力，也更加复杂。于是出现了数量众多，有时彼此矛盾的学说。

每个从事经济学研究的学者都有自己的生活经验、思想背景和阶级位置，他们能否站在中立的立场，对经济活动做出"客观的"分析？马克斯·韦伯提出的价值中立（Wertfreiheit）问题至今仍然是理论经济学研究中无法避开的问题，可谓是经济学研究之路上的首道关卡。

关于经济学，有强调其科学的客观性的经济学者，比如莱昂内尔·罗宾斯（Lionel Robbins）。罗宾斯在《经济科学的性质和意义》（*An Essay on the Nature and Significance of Economic Science*，1932）一书中，对经济学进行了如下定义：经济学是一门考察如何在不同用途之间配置稀缺资源，从而以最优效率达成给定目标的学问。而设定怎样的目标，则不在经济学家探讨范围中。罗宾斯设定了一个前提，即资源配置的可能性与目标设定是没有关系的，并以此为前提展开论述。罗宾斯更加重视"采取何种手段""这种手段需要多少费用"这些问题，也就是说，他在考虑经济学时把焦点更多地放在效率上。这种思维方式对日本称之为"现代经济学"的经济学研究领域具有重要意义。

经济学的两大流派

回顾经济学的历史可以发现，经济学思想一直存在两大相互交织的流派，即理性主义经济学和历史学派，而历史学派也可以称作制度学派。

理性主义经济学思想认为，经济学的主体，即人类，其偏好是绝对的且不变的，不受历史、风土、制度等诸多因素左右，只由人类的本性决定。

与上述说法相对，历史学派或制度学派则认为人的行为会受到有关商品、服务的生产和交换的制度性因素制约。可以说，关注生产资料所有制的马克思主义、强调历史条件制约的历史学派以及重视文化和制度条件的制度学派都属于这种思考方式。在经济学的历史上，有时理性主义占主导地位，有时历史学派又成为主流，但这两个学派一直是共存的，它们共同形成了经济学理论的基础。经济学探讨的就是这两种思维方式如何融合。

理论与实证

经济学作为一门科学，包括理论与实证两个组成部分。经济学研究是在理论与实证相互关联和交错过程中发展的。

理论可以告诉我们应该采用什么样的视角观察经济现象，也可以告诉我们应该如何理解经济循环。当然，理论既不是零散的、印象主义的观察，也不是随意的主观表达。理论通过把经济社会的历史、文化、制度等诸多因素整合为一套逻辑严密的体系，把经济主体的行为方式加以模型化，分析经济现象表面的关系以及背后的实际原因。理论一方面需要对各种各样的经济现象进行历史性考察，结合与具体现象相关的知识、统计数据、社会和制度因素来构建基本的框架；另一方面又要验证通过框架推论出的理论命题是否与各种现实条件相符。通过这一实证过程，经济学家修正或推翻理论的前提条件，尝试构造新的理论体系。然而，理论和实证的关系在经济学中不像在自然科学中那样清楚，很大程度上依靠每一个经济学者的直觉和洞察力。

和其他社会科学相比，经济学很早就开始尝试体系化，抽象度之高也无与伦比，正因如此，经济学被称为社会科学的女王。同时，经济学研究需要大量的统计资料和数据，研究成果和政策密切相关，因此在实践层面也很重要。

统计数据的积累推动经济学取得了长足进步。经济学的对象本来就是在市场上交易的商品和服务，它们的特点是都可以在市场上被定价。

因此，经济学的研究对象是可以进行量化分析的，这是非常自然的事情。尤其是二战后，很多国家致力于以政府为中心收集各种经济数据,再加上这一时期计算机技术突飞猛进,通过处理大量统计数据来进行经济预测、理论检验和政策效果评估都更加容易了。

尤其是20世纪40年代末到50年代初,出现了计量经济模型的开发热潮。这一热潮不仅对经济政策的制定过程产生了直接的影响,也对经济学研究的发展方向产生了不可忽视的影响。计量经济模型原本是用方程体系表现凯恩斯主义经济学思想的产物。这个方程体系的一些结构性参数可以通过统计数据计算出来。计量经济模型的特征在于能够将国民经济中的重要经济特征加以模型化,它在初期规模很小,也恰当地体现了经济学的理论思想。之后,计量经济模型逐步扩展,越来越脱离经济学含义,有时甚至还成为阻挠经济理论发展的重要因素。

第 2 章 亚当·斯密的《国富论》

亚当·斯密的《国富论》奠定了经济学作为一门独立学科的地位。当然，在斯密之前也出现过很多经济学大作，比如亚里士多德关于经济学的一些说法就常常被人提及。然而将经济学提升为重要的社会科学学科，并且至今仍然对人类产生持续影响的无疑还是斯密的《国富论》。

《国富论》出版于1776年，正式书名为《国民财富的性质和原因的研究》。据说斯密原本想用《政治经济学》作为书名，但念及詹姆斯·斯图亚特早在1767年就已经出版过同名著作，于是刻意回避了。

需要特别注意的是，英文书名里"Nation"（国民）一词的含义是在同一个国家居住、生活的人的总和，它和另一个表示统治机构的词语"State"（国家）不同，有时这两个概念甚至是相互对立的。其实早在《国富论》出版的20年前，斯密作为著名道德哲学书籍《道德情操论》的作者就已经在欧洲颇具名气了。他以道德哲学家的身份出名，然后才写出了经济学经典著作《国富论》，这一点对理解经济学思想有重要的意义。之后我会提到这个问题，现在首先简单回顾一下斯密的一生和他生活的时代。这里我参照的主要书籍有水田洋的《亚当·斯密研究入门》和高岛善哉的《亚当·斯密》。

亚当·斯密的一生

亚当·斯密在1723年出生于苏格兰的寇克卡迪，这是一个面向北海的港口城市。斯密的父亲曾经是税务官，但在斯密出生前就去世了，斯密由母亲一手养大。斯密天资聪颖，少年时代就擅长数学和古代经典，并于1737年进入格拉斯哥大学。

1707年，苏格兰与英格兰合并，这对于落后地区的苏格兰来说，一方面是屈辱的吞并，另一方面又是加入新市场发展经济的契机。格拉斯哥作为对外贸易中心从中获益尤其多。斯密进入格拉斯哥大学时，格拉斯哥正十二分地享受着合并带来的利益，产业高速发展带来经济繁荣，文化和社会兴盛也随之而来。

与受到宗教和政治权威压迫的牛津、剑桥不同，格拉斯哥有着自由的氛围，培育了各种新兴思想。斯密在这里认识了弗兰西斯·哈奇森（Francis Hutcheson），一生都深受其影响。道德哲学家哈奇森信奉以人为本的新思想，他认为不应该是人从属于神，而应该是神从属于人。这在当时完全是划时代的思想，哈奇森自然受到了教会的严厉非难，但格拉斯哥大学则举全校之力保护了哈奇森。

从格拉斯哥大学毕业后，17 岁的斯密又进入牛津大学贝利奥尔学院学习。贝利奥尔学院的 6 年时间对于斯密来说未必是充实且有收获的，但他在这里读到了大卫·休谟的《人性论》，这对他后来形成自己的思想体系发挥了重大作用。

1751 年，斯密被母校格拉斯哥大学聘任为伦理学讲座教授。他在那里才真正认识了比自己年长 12 岁的休谟，并与休谟结下了终生友情。

斯密后来成为道德哲学讲座教授，他的授课讲义以《格拉斯哥大学讲义》为名公开出版，其中包含了自然神学、伦理学、法学、经济学四个部分。在当时的大学课程设置中，经济学还是法学的一部分。

1759 年，斯密在《格拉斯哥大学讲义》的基础上写出了《道德情操论》一书，奠定了斯密作为道德哲学家的地位。

1763 年，斯密辞去教授职位，担任布克莱（Buccleuch）公爵的家庭教师，开始了长达三年的欧洲大陆之旅。传闻他在法国见到了弗朗斯瓦·魁奈（Francois Quesnay），并从他那里学到很多东西。魁奈虽是医生，却因为创造了经济表而广为人知。魁奈将经济活动比喻为人体，把一国的经济循环图表化，写成《经济表》一书。有一些人把他看作经济学的始祖。

斯密于1766年回到英国，用10年的时间完成了《国富论》。在1776年，他53岁时将这本书公开出版。1784年，斯密的母亲去世，而他自己也在1790年即67岁时去世。传说他直到离世前还在写作第三本书，但最后却让人烧毁了所有手稿。

我之所以简单回顾斯密的一生，是想要思考他所处的时代。他度过一生的苏格兰于1707年与英格兰合并，得到了经济飞跃的契机，发展出了新兴的公民社会。提出这个新兴公民社会指导原理的正是弗兰西斯·哈奇森，而大卫·休谟则明确提出"人"是公民社会的基本构成要素。

《道德情操论》

亚当·斯密的《道德情操论》在哈奇森、休谟的思想基础之上，引入了同情（sympathy）这一概念，以阐明人性本质上是社会性的。他认为人性最基本的表现就是喜、悲等感情，允许感情的自由表达是公民社会必须遵循的基本原则。感情并不是每一个人独有的，也不是只有当事人才能理解，人类的感情是共通的、可以互相分享的。这种同情能力是人类感情的特质，也表现了人类的社会性。

公民社会是有着同情能力的人的社会集体，这可以说是斯密思想的基础。

每一个公民都有自由表达人类感情的自由，能够享受生活，这就是新兴公民社会的理念。要建立和维持这样的社会，就需要在经济上变得富庶。斯密主张，想要营造健康且文化繁荣的生活，就必须有相应的物质生产基础。从这个角度看，《国富论》是以《道德情操论》为基础写成的，目的是阐明新的公民社会遵循的经济原理。

《国富论》

《国富论》的开篇有如下表述："一国国民每年的劳动，本来就是供给他们每年消费的一切生活必需品和便利品的源泉。构成这种必需品和便利品的，或是本国劳动的直接产物，或是用这类产物从外国购进来的物品。"

以此为开端，《国富论》一共有五篇。下面我们简单总结一下它的概要。

在第一篇里，斯密论述了投入相同的劳动如何获得更多的产品，也就是如何提高生产力的问题。斯密直接提出，社会分工能够最大程度提高生产力，因为劳动分工可以大幅提高劳动者的熟练程度、技巧和判断能力。

为了说明分工能够提高生产力，斯密举了著名的扣针制造业的例子。如果一个工人承担制作扣针的全部工作，一天也造不出一枚扣针。但如果不同工人分担不同工序，10个工人一天就能生产48 000枚扣针。像这样，通过劳动的社会分工，生产力获得飞跃性的提高。斯密在《国富论》里不断强调，产生巨大社会利益的分工不是哪个人发明的，也不是由理论演绎得到的，而是人们为了追求各自利益进行交易时产生的，它自然地存在于人们的经济交易本能之中。不止劳动分工，其他带来经济利益的制度也不是从改革的理念中通过理论推导得出的，而是基于人们的内在动机自然产生的。他非常严厉地批判那些所谓的改革论者，认为他们浅薄、缺乏人性，只追求理论上的完整性。

斯密的分工理论不仅局限于工厂内的分工。他生活在工业革命前夕的工场手工业时期，以大工厂为中心的近代生产方式还未出现。斯密看重的是一种职业和其他职业的分工，比如说农业、工业、商业的分工，还有农村与城市的分工，也就是社会分工。用今天的话说，斯密是从经济合理性的角度出发，重点论述社会分工是基于人们的内部动机自然发生的。

社会分工以人与人之间的自由交换为前提，它同时又反过来促进人与人之间的交换。通过分工与交换，人与人建立了紧密的联系。

市场与分工

在分工普及的文明社会里，人们无法摆脱与他人的合作。人们虽然随时需要与他人合作，实现这种合作互助却不是依靠他人的仁爱，而是主要依靠他人的自爱。每个人与生俱来的利己心刺激了社会分工的实现和维持。

分工受到市场规模的制约。社会分工一旦确立，每个人通过劳动获得的产品只能满足自己欲望的一小部分，于是人们从自己劳动获得的产品中拿出超出自己消费能力的部分，用来交换其他人劳动的产品，来满足自己的劳动产品所不能满足的欲望。这样一来，以交换为中心的商业社会就成长起来了。这里斯密所说的是包括了工农业的广义的商业社会，反映了公民社会的经济层面。

货币在商业社会里发挥着很大的作用。货币是所有文明社会里用来交换的一般工具，充当交换商品和服务的媒介。那么，各种商品和服务的交换价值又是怎么确定的呢？

自然价格

斯密认为，任何东西的交换价值都等于拥有它时获得的购买力。换句话说，交换价值取决于能够购买多少在市场上受追捧的劳动或劳动的产物。货币不仅决定商品之间的交换比率，即相对价格，还决定名义价格。

为了稳定地维持交换这种相互依存关系，交换条件必须是人们出于自由意志决定的，并且符合每个人的利益。斯密用"自然价格"（natural price）这一概念来表述这种交换条件。在自然价格下，每个人自由地行动和选择，生产要素实现有效配置，商品和服务的生产量也随之确定。在这种情况下，生产量自然就和人们的需求量一致。在自然价格体系之下，人们各自进行着对自己来说最理想的交换，社会整体处于非常和谐的状态，也就是说，商品和服务的需求与供给保持一致，并长期保持一致。尽管每个人都根据自己的利益行动，但社会整体却实现了一种非常理想的状态，这得益于斯密所说的"看不见的手"。

在斯密的世界观中，随着资本积累和土地所有制的确立，劳动者占有自己劳动的全部产物的这种原始状态无法再维持下去。自然价格由工资、利润和地租构成，其背后是工人、资本家和地主三大阶级，这三大阶级构成了公民社会，每个人基于自己的内在动机行动，形成自然价格，最终实现社会整体的和谐，这样一来，社会整体的财富就会慢慢积累起来。

资本积累

决定劳动生产力的基本因素包括积累了多少可供生产和消费的财富。《国富论》第二篇分析了积累的财富如何变成各种资本。

在思考资本积累问题时，首先要弄明白的是在各种各样的生产部门中，到底哪些部门在积累资本。斯密认为农业是生产性最高的部门，工业、国内贸易、对外贸易的效率依次递减。但斯密没有对这个说法提供强有力的证据。他在衡量生产性时，同时采用了比较收益率（即产出与投入资本之比）大小的方法和计算人均生产量的市场价格的方法，两种方法具有本质的差异。斯密大概没有意识到这个问题，后世的经济学家提出了这个问题并进行了详细分析。

在资本积累中，货币发挥的作用尤为特殊。斯密具体分析了货币供给和银行制度之间的关系。他还通过讨论生产性劳动的资本积累问题，探讨了从事非生产性劳动的人员的收入该如何确定。之后，他关注利息问题，提出利息率随着资本积累会逐步下降的一般趋势。此外，资本家之间的相互竞争总是促使利润降低。资本的平均利润很难计算，直到现在人们都还在争论理论上是否能够计算平均利润率，然而斯密认为，我们可以通过观察货币利率来推算。

第三篇

《国富论》第三篇的标题是《论不同国家中财富的不同发展》。斯密的结论是，城市和农村之间的大规模商业活动促进了货币经济扩大并带动了财富不断积累。当资本的配置遵循农业—工业—外国贸易的顺序时，其效果——资本投入的收益率——最佳。从这点可以看出,斯密继承了重农主义的思想。正如前文所说,斯密游历法国时曾受到过魁奈的启发,对重农主义思想产生了很大共鸣。

第四篇

《国富论》第四篇开头的段落非常有代表性地表现出斯密经济学思想的特点。

"政治经济学提出了两个不同的目标:第一,给人民提供充足的收入或生计,或者更确切地说,使人民能给自己提供这样的收入或生计;第二,给国家或社会提供充分的收入,使公务得以进行。"

有什么方法可以增加一个国家的财富呢?斯密对重商主义展开了彻底的批判,主张发展生产力才是财富积累的唯一源泉。

奉行重商主义的欧洲各国竞相采用产业保护和管制政策,斯密首先将批判的矛头对准了这种依靠牺牲他国利益来获取财富的手段。他指出,重商主义最终会扼杀各个国家自身经济发展的萌芽,并反复强调只有自由发展市场经济的政策才是最理想的。斯密指出,最主要的问题是从专制王权时代延续至今的特许公司、垄断贸易商人以及中世纪以来的各种工会组织控制的制造业企业。斯密的信条是,唯有以自由竞争为基础的市场经济制度才能促成新产业的形成，提高公民生活水准。

斯密对重农主义也持批判态度。虽然他和魁奈一样把农业作为生产力最高的产业，并认为只有在农业得到发展的前提下，工业和商业才可能发达，但他同时又对农业保护政策持批判态度，他担心农业保护政策会导致市场价格过度偏离自然价格。从这点来看，斯密可以说是一个彻头彻尾的自由主义者。

第五篇

《国富论》第五篇比较系统地探讨了国家政权应该从事哪些事业，以及如何筹措相关的费用。今天看来，这些都是财政学和公共经济学的内容。

斯密列举了国家应尽的一些义务：第一是国防义务；第二是司法义务；第三是建立和维持公共设施和公共工程的义务。要注意的是，斯密所说的公共设施和公共工程从广义上看就是形成和维持社会共通资本所必需的事业，他还分析了这些社会共通资本在维持市场经济顺利运行中发挥的作用。

经济学的原点

我们从《道德情操论》开始讲起，又逐篇介绍了《国富论》

的概要。但这毕竟是基于我的主观看法与偏见进行的概括，相比庞大的亚当·斯密研究史来说简直就只是冰山一角。但从我简单的叙述中不难看出，《国富论》虽是两百年前写成的著作，作为经济学经典流传下来，直到现在都还保持着旺盛的生命力，向我们展示其强有力的脉搏。诚然，不管是从理论框架、实证分析，还是历史层面看，亚当·斯密的《国富论》都有一些不充分甚至不正确的内容，他关于公民社会乃至市场经济的一些想法也不一定适用于现代的情况，但斯密在《国富论》里涉及的问题以及他的思考方式，都鲜明而又意味深长地展示出经济学应有的样子。《国富论》作为经济学的雏形，至今依然具有重要的价值。

斯密从劳动的社会分工出发，阐明了劳动才是社会发展最根本的力量，进而考察作为自由公民社会象征的市场交换的价值，论述关于商品、货币、资本、产业组织、资本主义再生产过程、国际贸易的理论，解释了资本主义市场经济制度的经济循环过程，最后分析了国家在市场经济社会里扮演的角色。可以说，斯密为我们大致勾勒出了经济学的整体画像。

_# 第 3 章 从李嘉图到马克思

李嘉图和马尔萨斯

亚当·斯密的《国富论》宣告了经济学作为一门重要学科在现代科学中隆重登场，经济学迎来了萌芽期。接下来大卫·李嘉图和托马斯·马尔萨斯对斯密的经济学提出严厉批判并建立了更加精密的理论体系，其中李嘉图的贡献尤为突出。李嘉图和马尔萨斯生活的时代正值英国工业革命的顶峰，他们经历的经济和社会变革远远超乎斯密的想象。同时，拿破仑的大陆封锁政策也让英国经济蒙受了巨大的打击，使英国陷入巨大的危机之中。李嘉图和马尔萨斯从相反角度来认识这一危机，继承和发展了斯密的想法，同时创造出自己独到的经济学。可以说，他们是古典经济学的集大成者。

李嘉图的经济学

分配是经济学最根本的问题。斯密提出生产力发展的成果会在地主、资本家、工人这三个阶级之间得到协调的分配。李嘉图则发现,拿破仑的大陆封锁令使英国的谷物价格高涨,工资与利润降低,工人和资本家阶级都承受了极大的损失,而地主阶级反而获取了大量利益。基于这种认识,他重新建立了分配的理论框架。他认为,在市场竞争条件下,工人所能获得的工资会被压低到最低限度。随着工厂生产的普及,机器代替人工劳动,就业的机会也就无法得到保证。

李嘉图的《政治经济学及赋税原理》(1817)为劳动价值说提供了严密的理论基础,即商品的价值依赖于生产商品直接或间接投入的劳动量。李嘉图还从理论上分析了分配问题如何随着资本积累、经济发展阶段的变化而变化。他认为,一块土地的租金由这块土地和劣等土地之间的产量之差决定。最能体现李嘉图分析视角的是他对国际贸易的著名论断。

假设在英国生产一个单位的毛呢需要工人100人,生产一个单位的葡萄酒需要工人120人。而葡萄牙生产同样的毛呢只需要90人,葡萄酒只需要80人。这时英国应该出口毛呢,从葡萄牙进口葡萄酒。尽管葡萄牙的毛呢生产费用比英国低,但葡萄牙出口葡萄酒、英国出口毛呢对两国都更有利。这就是李嘉图的比较成本优势理论。也就是说，英国具有生产毛呢的比较优势，而葡萄牙具有生产葡萄酒的比较优势，在没有关税的自由贸易条件下，英国和葡萄牙都能够从贸易中受益。这个例子既展示了李嘉图理论的精华，也展示了其理论前提。

第一个条件是，在李嘉图的理论考察的生产技术条件下，劳动和其他生产要素不能相互替代。如果同时存在几种生产技术都可以生产同一种商品，李嘉图的理论还适用吗？关于这一点，后来的新古典经济理论又进行了细致的分析。

第二个条件是，以劳动为代表的生产要素可以自由地、无成本地在产业间转移。这个条件后来被称为生产要素的可变性问题并受到讨论。

第三个条件是，所有生产要素都归私人所有。劳动等生产过程中必需的生产要素都属于某个经济主体。他没有意识到，有一些资源作为社会共通资本处于社会管理之下，以低廉的价格甚至免费给生产者提供服务。这一点在很久之后才终于受到关注和讨论。

李嘉图将焦点放在分配问题上，他通过构建理论模型说明了资本主义经济的循环机制。他不仅勾勒出古典经济学的最初模型，使用的分析手法也成为经济分析的基本手段并沿用至今。

李嘉图在理论中推论提出利润率在长期中呈下降趋势。因为资本积累作为经济发展的原动力不断增加，土地相对减少，地租上涨，利润率随之降低。这时，资本积累的速度也将减缓，经济发展必然会停滞。另一方面，工人工资与食品价格之比被压制在一定水准之下。李嘉图因此认为，只要土地所有制还有封建因素残余，就不能指望经济发展，工人阶级的生活水准也无法提高。

马尔萨斯的经济学

与李嘉图相对，马尔萨斯在《人口原理》(1798)中提出了谷物价格的上涨是长期趋势这一论断。因为人口按等比数列增长，而粮食生产却只能按照等差数列增长。马尔萨斯在《经济学原理》(1820)中谈到了经济整体的供给和需求的平衡问题，还站在和李嘉图完全不同的视角分析如何提高总供给量。马尔萨斯还提出了自己的地租理论，认为地租等于土地的生产能力中超出耕作者再生产成本的剩余生产力。

古典派经济学的终结

李嘉图和马尔萨斯之间关于废除谷物法的争论反映出了当时英国社会的两个阶级的对立。1846年英国废除了谷物法，象征着新体制的主角——资产阶级的飞跃成长，他们瓦解了封建土地所有制，追求产业自由，而李嘉图的理论和这种时代潮流相互呼应。

然而，资本主义发展的历史不似亚当·斯密想象的那样稳定和谐，也不像李嘉图主张的那样，只要完成土地改革和废除谷物法就能长期维持经济发展。1825年的经济大萧条之后，资本主义诸国开始经历周期性恐慌。古典经济学曾经幻想资本主义经济制度具有稳定的自律机制，只要私人企业保有追逐利润的动机和积累资本的意愿，经济就会长期持续发展，但这一幻想被无情击碎了。从19世纪中叶起，资产阶级和劳动阶级的阶级对立成了新的问题，这种对立在1848年达到顶点。约翰·斯图尔特·密尔在其著作《政治经济学原理》(1848)中提出了静止状态这一概念，在这种静止状态中包含着不断变化且持续创造新文化的可能性。他试图通过这一概念实现古典经济学的大成，但是反而标志了古典经济学解体。1848年正是马克思和恩格斯的《共产党宣言》正式出版的一年。

卡尔·马克思

亚当·斯密的经济学的基础假设是，在自由市场经济制度下，每个人最大限度地发挥利己心，可以实现资源的有效配置，并且从社会层面看也是最理想的。这种主张背后隐约显现出他对贫困和分配不公问题的关注。分配的问题也是李嘉图讨论的中心课题。但是真正直面贫困和分配问题的人，首推卡尔·马克思。

在马克思的理解中，贫困不是个别的、偶然的问题。生产和交换的制度条件决定了阶级的对立和矛盾，必然导致贫困。马克思思想的基础是唯物史观，即在历史上各个时期，社会的经济基础决定政治、法律、文化等上层建筑。马克思将资本主义生产方式看作历史过程的一个阶段，他分析了资本主义经济循环的规律，在剩余价值概念的基础上分析分配问题。马克思认为，资产阶级无偿占有商品的剩余价值——劳动者生产的商品的价值减去劳动者的工资之后的价值——来完成资本主义经济体系中的生产和再生产过程。

将资本主义经济看作一个历史过程，以及用剩余价值和剥削的概念来揭示资本主义生产方式的内在矛盾，这两点可以说是马克思对经济学的巨大贡献。马克思主义经济学者把马克思的理论称为科学社会主义，并且明确指出了资本主义以后的历史发展阶段应该有的形态。

马克思的阶级概念

亚当·斯密提出了地主、资本家、工人三大阶级的概念，并就此展开了讨论，但这个概念最基础的部分是受过启蒙的由利益驱动的公民。这三个阶级在自然价格下维持着一种和谐的关系。与之相比，李嘉图则在地主阶级、资本家与工人阶级的对立中看到了新兴工业社会的发展机会。马克思更进了一步，指出资本家和工人阶级的矛盾和对立才是资本主义制度的根本特征。对于斯密来说，近代意识觉醒后的公民可以成为企业家，承担从事经济活动的责任，而在马克思看来，企业家和资本家只不过是被资本操控的木偶。资本时而转换为货币，时而转换为生产要素、流动资本，但其本质是不变的。

马克思的"资本"

马克思所说的"资本"是一个非常神秘的概念。他的资本深藏在资本主义经济中，规定了资本主义经济的生产关系，以"货币资本→生产资本→商品资本→货币资本"的形式不断循环。资本家是资本的人格化表现，他们看似有自我意志，根据个人的价值判断行动，实则不过是将资本的意图付诸实践的工具而已。另一方面，资本为了更有效地实现自己的意图和目的，会不断改变资本主义制度本身。资本"主义"一词就非常准确地反映了资本的本质。

资本的目的是什么呢？是增殖。所以资本的本质是尽可能地追求更大的利润，最有效的手段是剥削劳动力。资本通过最大限度地剥削劳动力，获得最大的利润，以此回应资本增殖这个至高无上的命令。马克思主张，在这种情况下，资本能够剥削多少劳动力是由劳动力再生产所需的生活资料决定的，反过来又决定了与之相应的社会和政治条件。

斯密描述的工人是在工场手工业制度下劳动的工人，而马克思描述的工人则是在工业革命后的机器大工厂里工作的、作为无产阶级的工人。工人除了将自己的劳动力作为商品出售以外，没有其他谋生手段，这一点反映了资本主义的本质。工人能获得的报酬远远低于自己的劳动力所创造出的价值。这样就产生了剩余价值，而这些剩余价值作为利润落入资本家的手中。

遵循资本增殖这个至高的命令，建构剩余价值最大化的生产关系，在这个过程中，李嘉图的利润率递减法则开始发挥作用。资产阶级通过强化劳动管理、灵活运用金融手段、提高生活资料价格等手段来应对利润率下降的问题。然而，即使使用了各种方法，利润率下降的趋势反而更加明显，工人阶级也越来越贫困。最终，资本主义经济体制将无法维持下去，这时通过社会主义革命建立新的体制就成为了历史必然，这就是马克思最终的结论。

社会主义经济学

在我的学生时代，也就是第二次世界大战刚结束时，没有哪个词语比"社会主义"更具有魅力了。很多人都相信应该从贫困、剥削、不平等、文化低俗等资本主义的内在矛盾中解放出来，向富裕、和谐、平等、文化高度发达的社会主义新时代前进。但人们在具体的前进方式上是通过革命还是自然演化存在争论，对社会主义是历史必然还是人为有目的运动的产物也存在分歧。但当时很多人认为日本和其他资本主义世界毫无疑问会向着社会主义的方向发展。在那之后的 40 年里，世界范围内的资本主义和社会主义都以出乎意料的方式发展着。

本来，社会主义这个词比资本主义更早被人使用，但人们在使用它时含义并不相同。从欧文、圣西门、傅立叶的空想社会主义，到马克思、恩格斯的科学社会主义，"社会主义"不断被赋予不同含义。经过多种多样的概念变迁，一些共通的要素延续了下来，简单说，社会主义可以理解为克服了资本主义的内在缺陷，通过将生产资料置于社会管理之下，使资源得到有效配置、收入得到公平分配的经济制度，或朝着这种理想的经济制度发展的制度。很多人认为社会主义解决了资本主义制度内部的各种矛盾，包括人对人的剥削、贫困、不平等、商业主义文化等，是一种让所有人都能自由且有尊严地生活的制度。在过去的 40 年里，新的社会主义国家不断出现，社会主义国家不再只是苏联和蒙古，而各个社会主义国家内部之间的关系也愈发重要。不可否认，这些国家之间的对立和紧张关系严重损害了我们对社会主义的印象。

顺着这个观点来看，苏联和东欧社会主义诸国之间的关系值得重点关注。从 1956 年苏联入侵匈牙利开始，经过 1968 年的"布拉格之春",再到20世纪80年代初的波兰问题,各种事件都向我们展现了社会主义世界的对立和紧张。苏联试图通过强权控制东欧社会主义诸国的发展方向。苏联治下的和平(Pax Sovietica)——依靠苏联的实力,为了苏联的和平——试图形成全球统一的社会主义世界,并在政治、经济、军事、文化各方面实现对东欧国家的支配。东欧诸国则试图恢复经济和文化上的独立而抵抗苏联。这种互动模式在二战结束后一直持续着。在很多人印象里,东欧社会主义诸国不但在军事和政治上从属于苏联,连司法、警察,甚至电力、自来水管道等公共设施和教育都处在苏联的管理之下。所谓"全体人民的国家",不过是在世界共同建设社会主义的名义下,将这种从属关系正当化。对苏联提出的社会主义理念,以及从中发展出的国家体制,东欧国家不得不勉强服从,因为维持这种局面的政治和军事机制已经建立起来了。

但我认为,中国的社会主义和其他国家有很大的不同,这对社会主义的未来发展有着深远的启示。对中国的社会主义来说,1959年到1961年的自然灾害是一个重要契机。在三年困难时期,中国完全切断了对苏联的依赖,开始独立自主地探索社会主义建设道路。中国的社会主义建设也绝不是一帆风顺的,尤其是"文化大革命"造成了巨大的负面影响。直到20世纪80年代,通过农业和工业两方面的调整,资源得到了合理配置,中国才开始正面解决社会主义计划经济存在的激励相容(incentive compatibility）问题。中国的社会主义没有完全被理念性的革命思想左右，也没有受苏联的强制干涉，而是顺应中国自然、历史、文化等条件制定经济体制和经济计划并付诸实施。这一点与东欧各国有根本性区别。

生产资料的社会所有制

正如生产资料的私有制决定了资本主义的特征，生产资料的公有制决定了社会主义的特征。所谓生产资料公有制，是指由"社会"决定各种生产资料怎样使用，生产何种产品以及生产多少，劳动成果如何分配。因此，"社会"具体指的是什么组织，通过怎样的标准来决定资源和产品的分配是非常重要的问题。那么，我们真的能制定出这样的经济计划并付诸实施吗？

1920年，路德维希·冯·米塞斯曾主张，制定合理的经济计划需要我们解开数百万个方程式，这样的计算量在现实中是不可能做到的。经济计算的困难在农业方面尤其突出。事实上从苏联到全世界其他社会主义国家，农业总是经济中的阿喀琉斯之踵。

在米塞斯之后，弗里德里希·奥古斯特·哈耶克强调了价格在市场经济中的重要作用，对计划经济的批判因此更具一般性。针对哈耶克的批判，奥斯卡·兰格（Oskar Lange）和阿巴·勒纳（Abba Lerner）在20世纪30年代提出了竞争性社会主义这一想法。"兰格-勒纳理论"试图将市场经济制度中的价格机制引入社会主义经济计划，也就是说，中央计划当局提出一个价格体系，各个企业按照这个价格体系制定能够在会计上取得最大利润的生产计划。中央计划当局收集各个企业的生产计划，计算各种产品的供给和对各种生产要素的需求，监测供求关系是否平衡。当供求关系失衡时，由中央计划当局调整价格体系，再次向各企业机构提出新的价格体系，重复前文提到的过程，制定计划、计算供求关系、调整价格体系，形成和谐的经济计划。其中也存在着两个难题，分别是通过什么程序确定生活消费品的需求，以及怎样制定投资计划。

实际上，米塞斯和哈耶克提出的问题不仅关系到社会主义经济计划的可能性，还关系到社会主义国家或者说政府如何确定职权范围。他们的想法都暗含了一个前提，即政府和中央集权的计划当局需要准确掌握各个企业的技术条件、工人质量、劳动条件，还要准确和具体地把握现在乃至将来人们的欲望、生活形态的相关信息。这样一来就必然侵犯个人的人格尊严以及公民自由。1944年，哈耶克完成了著作《通往奴役之路》。他指出，计划经济归根结底是以集权主义的政治机构为前提的。虽然他对社会主义理念本身的批判未必正确，但对生产资料公有制的真实含义做了含蓄的考察。

第 4 章
现代经济学的诞生：瓦尔拉斯的一般均衡理论

改变经济学的三本名著

19世纪70年代初期,三本重要著作的出版改变了经济学的历史,它们分别是威廉·斯坦利·杰文斯所著的《政治经济学理论》(1871)、卡尔·门格尔所著的《国民经济学原理》(1871)、里昂·瓦尔拉斯所著的《纯粹经济学要义》(1874—1877)。

三位经济学家用全新的分析框架,为经济学开辟了新的疆界。而这种新经济学即所谓的现代经济学。三位经济学家虽然在思想上有很大差异,但存在一个重要的共通之处。

在亚当·斯密所著的《国富论》中曾举过一个著名的例子说明价格形成的原理。假设猎人射杀一只鹿需要4个小时,而射杀一只海狸需要8个小时。这时一只海狸的价值就是一只鹿的两倍,海狸的自然价格是鹿的两倍。这就是斯密所谓的生产费用论(cost of production theory)。我们需要注意的是,为什么猎人会选择付出捕猎鹿两倍的时间去捕猎海狸呢?原因就是海狸的价格是鹿的两倍。如果海狸的价格低于鹿的两倍，猎人们就都会放弃捕猎海狸而选择猎鹿；相反，如果海狸的价格高于鹿的两倍，那么猎人们会放弃猎鹿而选择捕猎海狸。因此，不是劳动投入量决定价格，而是价格体系会决定劳动的投入量。一只海狸的价格可以匹敌两只鹿，难道不是因为一只海狸的价值相当于两只鹿的价值吗？对于这个问题，本章开头提到的三位经济学家都尝试使用边际效用（marginal utility）的观点加以回答，但是在具体思路上存在微妙的差异。

卡尔·门格尔的归属理论

最早系统阐述边际效用理论的是经济学家赫尔曼·海因里希·戈森（Hermann Heinrich Gossen）。戈森关注到，消费者能够享受的效用是随着消费量的增加而逐渐减少的。他提出，当所有商品的边际效用除以价格的值相同时，消费者能够享受的效用最大。这也就是边际效用均等法则。

戈森阐述该理论时所说的效用是指，人们认为消费某种商品带给自己多少满足感的个性化主观感受。戈森的边际效用均等法则能够用具体公式表示则要归功于卡尔·门格尔（1840—1921）及其后继者弗里德里希·冯·维塞尔（1851—1926）和欧根·冯·庞巴维克（1851—1914）。这些公式化的边际效用理论就是奥地利学派的归属理论，它们至今仍在经济学领域占据重要地位，是经济学思想中最为基础的概念之一。虽然多少有些专业性，我们还是要简单介绍这一概念。

奥地利学派的归属理论认为，商品的价值由最终消费者在使用时获得的主观效用大小来决定。商品给最终消费者带来的主观效用如何分配到生产该商品投入的各种生产要素上，应该由各种生产要素对生产该商品所做的最终贡献的大小来决定。严格来说，各生产要素的边际产出价值就是单位生产要素所产生的归属价值。但是，计算中存在一个问题，即商品的价值是否等于投入的各种生产要素的归属价值之和。假设生产商品过程中规模经济保持不变，且生产过程不需要花费时间，各生产要素根据贡献度确定的归属价值大小已知，则它们的归属价值总和等于最终商品价值。这一理论可以使用关于齐次函数的欧拉定理加以证明。

不管是商品还是生产要素，在完全竞争市场环境中，它们的归属价值和市场价格一致。因此我们可以看出，归属原理实际上就是瓦尔拉斯一般均衡理论的一种特殊情况。

瓦尔拉斯一般均衡理论

19世纪70年代问世的新的经济学思想，用今天的术语来说就是"新古典经济学"。系统阐述新古典经济学的是里昂·瓦拉斯，他提出的一般均衡理论至今仍是新古典经济学的基础框架。关于瓦尔拉斯的一般均衡理论，约翰·希克斯（1904—1989）于1939年出版的《价值与资本》（*Value and Capital*）中做了易懂而详细的介绍。我想以希克斯《价值与资本》中的内容为基础，对瓦尔拉斯的一般均衡理论进行简单的回顾和说明。

一般均衡理论考察的对象是以市场经济制度为核心的国民经济。构成这个国民经济体系的经济主体是数量众多的个人，我们在这里描述的个人是指具有一定主观价值基准，并按照这些价值基准从事具有内在一致性的社会活动的个体，具体来说，也就是打理家庭生计的个体或者家庭。在经济社会中，每个人一方面作为生产者按照既定的生产计划进行生产，另一方面他们还作为消费者通过自身劳动取得报酬进行消费。该理论假定每个人都可以根据市场条件在生产者和消费者之间变换自己的角色。

消费者行为分析

首先我想以消费者的行为为例，说明一下瓦尔拉斯一般均衡理论是如何思考的。

消费者将自身拥有的各种生产要素（其中最重要的是劳动）或者说稀缺资源在市场上进行交易，从而获得相应的由市场定价的报酬。消费者使用这些收入购买各种商品，而选择怎样的商品组合则取决于个人的主观价值标准。

每个消费者在消费时都以利用有限的收入最大化地满足自身需求为前提条件。而这个前提实际上是对消费者主权思想的公式化表达。

为了解释消费者行为理论，我们假设一个只存在两种商品的市场。虽然消费者在现实生活中可以选择的商品不计其数，但上述假设条件仍然能够解释消费者行为理论。

我们把这两种商品称为商品 1（C_1）和商品 2（C_2）。如图 1 所示，这两种商品的消费量分别由横轴和纵轴表示。我们考察的经济主体的主观满足感用"效用"表示。现在我们考察与 A 点效用相同的消费组合。这些消费组合在这里可以称为和 A 点"无差异"。在图 1 中，所有同 A 点无差异的消费组合可以用曲线 EE 表示。在新古典经济理论的价值理论中，无差异曲线如图 1 中的曲线 EE 一样，凸向原点，这一点有着极为重要的意义。EE 曲线右上侧的 $E'E'$ 曲线上的各点比 EE 曲线有着更高的效用水平，即位于 $E'E'$ 曲线上的各种消费组合比 EE 曲线更受消费者青睐。

我们再来关注位于 A 点的消费组合（C_1，C_2）。假设当商品 1 的消费量减少 ΔC_1 时，为了能够继续保持在无差异曲线 EE 上，商品 2 的消费量只能增加 ΔC_2。换句话说，（C_1，C_2）和（$C_1-\Delta C_1$，$C_2+\Delta C_2$）两个点互为无差异的关系。此时，$\Delta C_2/\Delta C_1$ 称为商品 1 和商品 2 之间的替代率，这是衡量商品 1 被商品 2 代替时，单位数量的商品 1 相当于多少商品 2 的尺度。替代率 $\Delta C_2/\Delta C_1$ 在 $\Delta C_1 \to 0$ 时的极限值则被称为商品 1 和商品 2 之间的边际替代率。在图 1 中，边际替代率等于无差异曲线 EE 上的 A 点切线的斜率。当无差异曲线如图 1 所示形状时，在同一条无差异曲线 EE 上，商品 1 消费量增加会导致边际替代率降低，这种关系称为边际替代率递减法则。

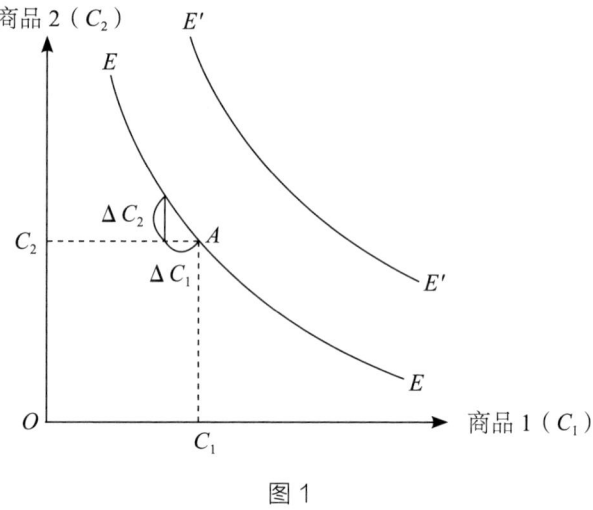

图 1

我们再来关注一下，在上述前提条件约束下，消费者如何行动。假设消费者收入为 Y，商品 1 和商品 2 的价格分别为 P_1 和 P_2，且两种商品的数量均可以用某种单位衡量。此时，消费者能够采纳的消费组合（C_1, C_2）必须满足以下预算约束：

$$P_1C_1 + P_2C_2 \leq Y; \quad C_1, C_2 \geq 0$$

满足上述预算约束的消费组合（C_1，C_2）如图 2 所示，位于三角形 OBC 的内部及其三条边上。

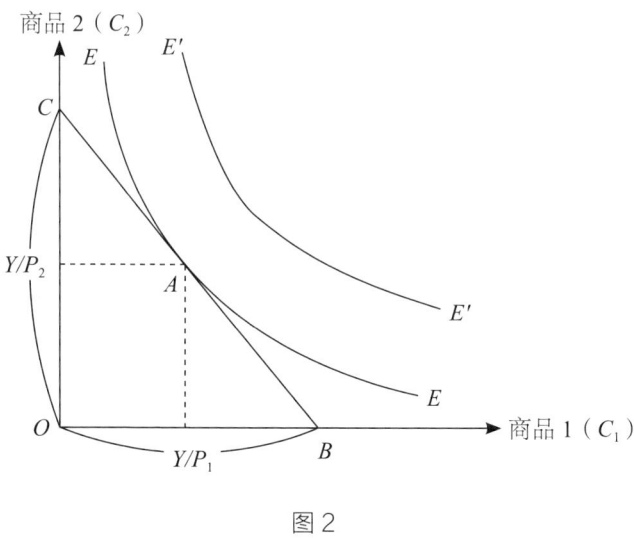

图 2

在满足上述预算约束的消费组合中，消费者最喜欢（效用最高）的商品组合究竟在何处？关于这个问题，我们在图 2 中很容易能够找到答案，即预算约束线与无差异曲线相切的点 A，在这个点上消费者获得的效用最大。这是因为通过预算约束线上 A 点以外的任何一点的无差异曲线都对应着更低的效用水平。在点 A，商品 1 和商品 2 之间的边际替代率等于预算约束线的斜率，即价

格比率 P_1/P_2。从这种关系我们可以导出消费者行为理论最基础的命题，即消费者使用收入来购买商品，预算约束线满足边际替代率等于价格比的消费组合的效用水平最高。这个命题也适用于有多种商品的更为一般性的情况。

劳动供给的分析

在消费者（即劳动者）能够自主决定劳动供给量的情况下，我们也可以用上述方法分析劳动供给。为了简化分析，我们假设只存在一种商品且劳动者质量相同的理想状态。当然，简化分析的结果同样适用于更为一般性的经济社会情况。同时我们还假设，劳动的供给数量可以用每天的劳动时间衡量，劳动时间增加，消费者的效用会随之降低，即劳动的供给会产生负的效用。假设劳动的供给数量为 N 小时，对于消费者来说能够自由支配的时间即为 $24-N$ 小时。换句话说，消费者拥有 $24-N$ 小时的休闲时间，休闲时间和实际收入都会给劳动者带来正面的效用。因此，在给出劳动供给量 N 和实际收入 C 的组合 (N, C) 的情况下，我们可以绘制出图 3 中的无差异曲线 EE。

在图 3 中，横轴为劳动时间 N，纵轴为实际收入 C。以劳动时间为 24 小时为原点，无差异曲线 EE 是一条凸向原点的曲线。点 A 处的劳动供给和实际收入之间的边际替代率等于无差异曲线

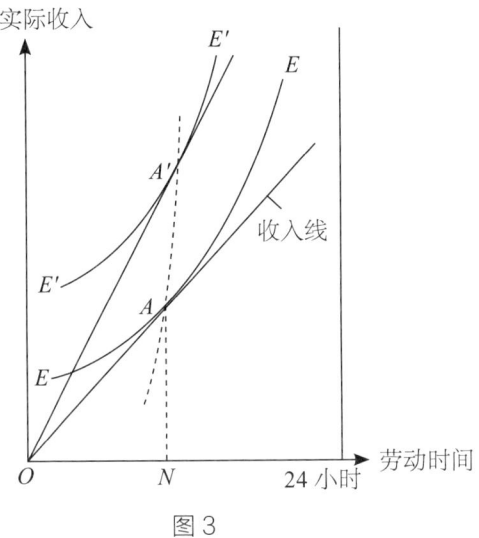

图 3

EE 在点 A 处的切线的斜率。此时的边际替代率表示每新增一单位劳动供给,为了保持相同的效用水平,必须新增多少实际收入,即用实物单位来衡量劳动供给增加产生的负面效用。

竞争均衡

接下来我们将分析更为一般性的情况:存在多种商品(假设为 m 种),且各个消费者能够自由决定自身的劳动供给(量)。假设劳动者工资水平为 W,商品价格为 $P_1, \cdots, P_m$,且劳动者工资水平和商品价格都可以用某种单位加以衡量,并由市场决定。此时,消费者为了最大化效用水平,会选择一个最适合自己的劳动

供给 N 以及各个商品的消费数量 C_1，…，C_m 组合。假设消费者的效用函数为 $u = u(C_1, …, C_m, N)$，消费者工资水平以外的收入为 X 时，可以基于下列约束条件求解效用 $u(C_1, …, C_m, N)$ 最大化的问题：

$$P_1C_1 + … + P_mC_m \leq WN + X$$

此时，最佳劳动供给量 N，各商品的消费量 C_1，…，C_m 可以使用包含工资水平 W 和各商品价格 P_1，…，P_m 的下列函数关系进行表示：

$$N = N(W, X, P_1, …, P_m)$$
$$C_j = C_j(W, X, P_1, …, P_m), j = 1, 2, …, m$$

上述等式就是这个消费者的需求函数。

作为经济的组成要素，每个消费者都拥有各自的需求函数。将这些需求函数进行加总所得出的结果，我们通常称之为总需求函数。

从以上分析中我们可以容易看出，需求函数是工资水平和价格体系（$W, X, P_1, …, P_m$）这两个变量的零次齐次函数。

生产者行为分析

生产者需要掌握生产技术，还需要通过市场购买生产过程中必需的各种生产要素，才能开展生产活动。产品进入市场，经过流通环节，最终转变为生产者获得的收入。生产者关注的重点就是，如何才能使销售额扣除生产要素投入后的剩余，即利润，达到最大化。为了使利润最大化，生产者会选择最合适的产品、生产过程和生产要素。生产者开展经济活动依据的就是利润最大化原则。

产量取决于生产者的生产技术和投入的生产要素的数量。产量和生产要素投入量之间的关系可以用生产函数表示。新古典经济学理论的前提条件之一就和生产函数有关，即对于生产主体而言，产量只取决于从市场上筹集到的生产要素的数量，和其他生产者的生产技术、生产规模、生产投入等都毫无关系。尽管这意味着不存在任何正的和负的外部性，但它仍是新古典经济学的生产理论最基本的前提条件之一。

为了简化说明，我们假设只有一种产品和一种生产要素，在这一简单的生产关系中，我们不妨把生产要素称为劳动。

然后我们对一个特定的生产者进行考察。产量 Q 仅仅由劳动投入量 N 决定。当劳动投入量 N 发生变化时，产量 Q 也会随之变化。这种关系如图 4 所示，横轴为劳动投入量 N，纵轴为产量 Q。劳动投入量 N 的变化导致产量 Q 的变化用曲线 OA 表示。例如，在劳动投入量为 OB 时，生产者希望这些劳动投入能够生产出尽可能多的产品，而此时能够得到的产量最大值即为 BC。因此，在生产曲线 OA 的背后蕴藏着两个前提：第一，生产者掌握的生产技术；第二，生产者遵循理性行动原则，即在工资既定的限制下，追求产量最大化。这条曲线表示的是短期生产函数。

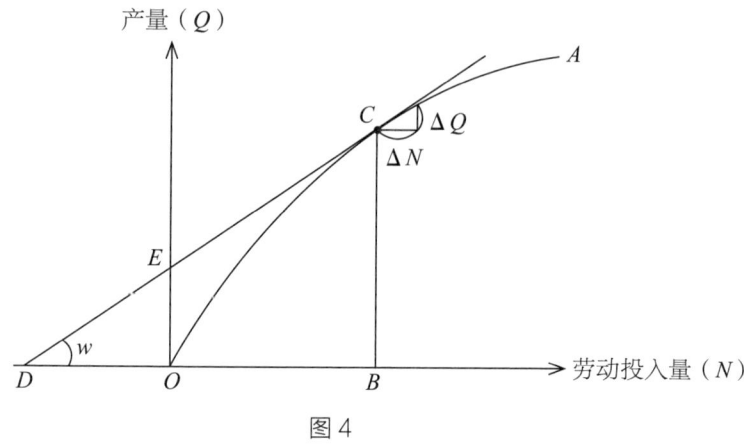

图 4

我们假设劳动投入量为 N，对应的产量为 Q，在曲线 OA 上处于点 C 的位置。当劳动投入量增加 ΔN 时，产量也会随之出现 ΔQ 的增量。而此时，对于 $\Delta Q/\Delta N$，$\Delta N \to 0$（ΔN 无限趋于零）时所取得的值即为劳动的边际产量。在图 4 中，劳动的边际产量等于生产曲线 OA 在点 C 处的切线的斜率。

生产者可以依据每个时刻的市场条件自由选择劳动投入量，这也意味着产量可以自由调节。换句话说，新古典经济学的生产理论具有两个前提，即劳动投入可变以及生产不存在时间上的滞后性。这两个前提和不存在正的和负的外部性的前提一样，有着非常重要的意义。

接下来我们考虑生产者如何决定生产规模、劳动投入量以及产量。我们假设工资水平为 W，产品价格为 P，此时生产者获得的名义利润可以表示为：

$$PQ - WN$$

生产者以名义利润最大化为目标选择相应的生产规模和劳动投入量。因此，生产者追求的利润最大化也就是将名义利润除以产品价格 P 得出的实际利润（$Q - \omega N$）最大化。$\omega = W/P$，在这里代表实际工资水平。从图 4 我们可以发现，能够使实际利润最大化的生产计划都是如点 C 那样，即生产曲线的切线斜率和实际工资水平 ω 相等的点，也就是说，劳动的边际产量等于实际工资水平 ω 时，生产者实际利润最大化。此时，最大利润取决于切线 CD 和纵轴相交所得的 OE 的大小。这就是生产的边际原理，和我们在前面推导出的消费的边际原理共同形成了新古典经济理论的基本命题。始于 19 世纪 70 年代的新古典经济学的思想来自"边际革命"，其核心理论就是基于上述边际原理建立起来的。

生产的边际原理也适用于存在多种商品或多种生产资料的情况。

对于生产者而言，其产量 Q 取决于工资水平 W 和商品价格 P。对于商品而言，将所有生产该商品的生产者的产量加总起来就是该产品的总供给量。

一般来说，当商品的种类为 m 种时，商品 j 的供给量 Q_j 由工资水平 W 以及商品价格 P_j 决定。此时的供给函数为：

$$N_j = N_j(W, P_j), \quad Q_j = Q_j(W, P_j), \quad j = 1, \cdots, m$$

通过上述考证我们很容易就能发现，这个供给函数是工资水平 W 和产品价格 P_j 这两个变量的零次齐次函数。

市场均衡

我们前文中首先分析了消费者行为，并导出了需求表（schedule），然后又分析了生产者行为并导出了供给表。各个商品的需求量和供应量相等时市场实现均衡，即对于所有的商品 j，使如下等式成立的工资水平 W 和价格体系 $P_1, \cdots, P_m$ 形成均衡工资水平和价格体系。

$$\sum N_j = N,$$
$$C_j(W, P_1, \cdots, P_m) = Q_j(W, P_j), j = 1, \cdots, m \quad (1)$$

在这一均衡工资水平和价格体系 $(W, P_1, \cdots, P_m)$ 下，市场达到均衡状态。这是瓦尔拉斯一般均衡理论中的重要论点之一。

瓦尔拉斯一般均衡模型的解 $(W, P_1, \cdots, P_m)$ 究竟是否存在？

就像刚才描述的那样，需求函数和供给函数都是工资水平和价格体系（$W, P_1, \cdots, P_m$）的零次齐次函数，我们可以把这两个变量整合为一个独立变量，比如以工资衡量的价格体系（$P_1/W, \cdots, P_m/W$）。此外，假设全部利润以某种形式分配给消费者，那么全部收入就等于工资与利润之和，即如下等式成立：

$$\sum_j P_j C_j = \sum_j P_j Q_j$$

上述等式被称为瓦尔拉斯法则。瓦尔拉斯法则成立时，均衡条件式（1）中的独立方程式就只剩下了 m 个。此时的均衡条件就是有 m 个未知数（$P_1/W, \cdots, P_m/W$）的 m 个方程式的解。瓦尔拉斯得出结论，通常情况下解是存在的。

但即使方程式和未知数在数量上相等，实际上也不能完全确定方程组的解就存在。关于这一点，看一下二元一次方程组就可以知道。特别是为了保证在经济学上有实际意义，要添加限制条件，即方程组的解不可为负数。关于一般均衡模型的解存在与否的讨论在很久以后才受到重视。20 世纪 30 年代，亚伯拉罕·瓦尔德（Abraham Wald）和约翰·冯·诺依曼（John von Neumann）两位数学家开始求解瓦尔拉斯一般均衡模型有经济学含义的均衡解。到 20 世纪 50 年代，研究者从数学角度、经济学角度对一般均衡理论进行了详细分析，开创了数理经济学的新纪元。肯尼斯·约瑟夫·阿罗（Kenneth Joseph Arrow）、吉拉德·德布鲁（Gerard

Debreu）、莱昂内尔·W. 麦肯齐（Lionel W. McKenzie）、二阶堂副包等经济学家则在一般均衡理论的研究中发挥了主导的作用。

一般均衡理论的主要内容

在这里我想对前文提及的瓦尔拉斯一般均衡理论进行一次系统整理。

当所有的产品和生产资料都遵循某种市场价格体系时，各个生产者为了使自身的利润最大化，会选择对自身最有利的生产技术和生产资料的组合方式。通过对所有生产者进行加总，我们可以最终确定各种产品的供给量和各种生产资料的需求量。

消费者在既有工资-价格体系下，决定向市场提供多少生产资料，也就相应地确定了自己的收入水平。同时也决定了各种产品的需求量。

均衡价格体系即所有产品和生产资料的需求量和供给量相等时的价格体系。

综上所述，我们在考察瓦尔拉斯的一般均衡模型时，必须考虑工资水平是由消费者的偏好、生产者拥有的关于生产技术的知识以及固定生产资料积累等外部因素决定的。随着这些外部因素发生变化，均衡价格体系也会随之发生变化。当这些外部因素进入某种稳定状态时，均衡价格体系也会随之达到相应的稳态。这种稳定的均衡价格体系可以理解成亚当·斯密描述的"自然价格"。

希克斯的"周"

即使我们能够证明瓦尔拉斯的一般均衡模型存在均衡解，也无法确定现实社会中是否存在能够使均衡价格体系以及相应的生产、消费模式实现的机制。这是关于一般均衡稳定性的问题，瓦尔拉斯试图用"摸索"（法语 Tâtonnement）这一概念来解答。希克斯用"周"这一概念对瓦尔拉斯的解答进行说明。

希克斯所说的"周"区别于一般意义上日历中的"周"，他描述的是某种经济循环的进程自开始至全部完结的具有经济学意义的时间段。在这个时间段中，所有的外部条件都保持不变，各个经济主体会制定对于自身最为合理的生产和消费计划，在所有商品的需求量等于供给量时实现了均衡，得到均衡价格体系，此时，各个经济主体顺利执行各自的生产和消费计划，并通过市场进行交换。

每个"周"都从周一开始。在周一的早晨，构成经济的所有成员会带着各自的商品在市场上集合。市场上存在若干的拍卖人（auctioneer），他们实行瓦尔拉斯的"摸索"拍卖，从而发现一种需求量和供给量相等的价格体系。具体来说，拍卖人会先做出一个试行版价格体系，并公开给所有成员。各成员按照这个试行版价格体系考虑应该向市场提供多少生产资料、如何使用收入以及能否实现效用最大等问题，制定各种商品的供给和需求计划并提交给拍卖人。拍卖人对这些计划进行加总，计算出各种商品的需求量和供给量。对于需求量和供给量不相等的商品，拍卖人会修改价格，并向成员公布新的价格体系。各个成员会按照新的价格体系对自身的生产、消费计划进行修改，修改后的计划会被再次提交给拍卖人。拍卖人依据各个成员最新提交的计划再次计算每种商品的需求量和供给量。如果所有商品的需求量和供给量相等，那么这时的价格体系就是一个均衡价格体系。如果仍存在需求量和供给量不等的商品，拍卖人会再次对价格进行修正，并向全体成员提供新的价格体系。这个"摸索"过程在周一会重复进行，我们假设在周一傍晚，拍卖人会找到一个使所有商品的需求量和供给量都相等的价格体系。

在周二到周五这段时间里，各个经济主体会依据周一傍晚达成的市场价格体系按计划开展生产活动，并获得相应的报酬。在周六和周日这两天，会开展实际消费活动。在周日的晚上，一个希克斯的"周"也将画上句号。一夜过后，在下一个周一的早晨，一个新的"周"又将开始。每个成员拥有的商品、生产资料的构成都发生了变化。和上一个"周"相同的"摸索"再次重复。

如上所述，希克斯成功而巧妙地对瓦尔拉斯的一般均衡理论进行了解说。但同时，希克斯所使用的"周"这一概念也将一般均衡理论的缺陷暴露无遗。

琼·罗宾逊（Joan Robinson）的《经济学的异端》（*Economic Heresies*，1971）对希克斯的"周"的概念提出了犀利的批判。罗宾逊的批判主要着眼于"周"这一概念的自相矛盾。

在希克斯的"周"这一概念中，拍卖人会在每周一重复整个"摸索"过程，并试图找出一个需求和供给相等的价格体系。这个调整的过程无法保证外部条件的稳定性。即使外部能够保持稳定，达成均衡价格体系所需要的时间也是极为漫长的。

此外，希克斯的"周"意味着不仅是外部因素不发生变化，而且周二到周五可以完全依据周一制订的生产和消费计划开展生产活动。这一点也说明，希克斯定义的"一周"实际上是一个非常短的时期。

我们可以发现，希克斯的"周"实际上同时包含了完成"摸索"过程的长期性的性质以及所有外部因素都不发生变化的短期性的性质。罗宾逊所批判的"周"的概念的两重性也正是瓦尔拉斯一般均衡理论的基本矛盾。这种矛盾也存在于其他新古典经济学理论对时间的处理中。

费雪的时间偏好理论

以上我们针对瓦尔拉斯的一般均衡理论的基本内容进行了说

明。瓦尔拉斯后来还将资本积累、金融资产市场的形成、货币的作用等引入一般均衡理论的框架。这一系列的尝试经过众多经济学家的不断努力，不断加深了理论的普遍性和精致程度。在这里我最想介绍的是欧文·费雪（Irving Fisher）的"时间偏好理论"（time preference theory）。该理论在费雪的经典名著《利息理论》（1930）中首次出现，它支持庞巴维克的"迂回生产"概念。该理论最初是为了回答这样一个问题，即如何用公式化的语言表达消费者现在消费和未来消费之间不同的主观价值标准。费雪为了比较未来消费和现在消费，提出了将未来消费用"时间偏好率"折现的分析方法。时间偏好率可以看作一种等同于"主观利率"的概念，从现在到未来消费模式发生变化，时间偏好率也会随之发生变化。费雪在其理论的基本命题中认为，各经济主体在各个时间点的最优消费计划可以在该时间点上的时间偏好率和实际利率相等时获得。这里的实际利率可以由名义利率扣除通货膨胀预期求出，这也是费雪理论中最为重要的部分。

费雪运用"时间偏好率"这一概念，推导出储蓄函数，并试图对瓦尔拉斯的一般均衡理论进行动态化分析。可以说，瓦尔拉斯的一般均衡理论归根结底还是一个静态分析框架。当然瓦尔拉斯也分析了资本积累的影响，但是最终也没有能够走出静态的范畴。与此相对，费雪运用时间偏好这一概念将储蓄和投资内生化，使构建动态分析框架成为可能，并利用该框架分析市场均衡的时间过程。特别是他还将有关竞争性市场均衡的帕累托最优或效率的研究从静态分析扩展到更具普遍性的动态分析。

新古典经济学的理论前提

新古典经济学理论成立的前提条件是什么？对于这个问题，经济学家虽然尚未形成共识，但以瓦尔拉斯的一般均衡分析为代表的新古典经济学的各种理论具有一些共同的前提条件。下面，我们列举新古典经济学中具有代表性的基本条件，对其含义进行考察。

生产资料的私有制

新古典经济学的主要分析对象是纯粹意义上的资本主义经济，它基于分权性质的市场经济制度分配稀缺资源和收入。资本主义经济体制最基本的制度特征就是生产资料的私有制。生产资料私有制贯穿整个新古典经济学理论，除了少数例外，我们可以说新古典经济学是在生产资料私有制这一理论前提下展开的。这里所说的生产资料，不仅包括劳动、资本、土地等一般意义上的生产资料，也包括生产消费过程中必需的所有稀缺资源。也就是说，经济活动运行所依赖的稀缺资源都属于某个经济主体，是经济主体的私有财产，各个经济主体有权分配和使用自己拥有的稀缺资源及其产生的商品和服务，也可以将这些所有物投入市场进行交易。为了充分发挥私有制的作用，必须从社会或者法律层面上确保稀缺资源所有者对稀缺资源的排他性使用权。这个前提条件虽然未必意味着不承认资源的使用会伴随正的或负的外部性，但确实意味着排除了支撑国家和经济发展的重要且具有基础地位的稀有资源（比如社会共通资本）存在的可能性。

而且，各个经济主体可以在多大程度上随心所欲地支配其拥有的稀缺资源、商品服务这一点也引发了诸多讨论。正如约翰·密尔在其著作《论自由》（*On Liberty*，1859）中阐述的那样，在不侵犯他人自由的前提下，每个人的自由应该得到社会的承认和保护。生产资料私有制实际上或明或暗地赞同密尔的上述思想。

主观价值标准的独立性

生产资料私有制这一前提条件实际上意味着每个人可以基于自身的主观价值标准，以自己认为最合理的方式使用或者交换自身拥有的稀缺资源、商品和服务。通常我们会假设每个人的主观价值都可以使用"效用"这一尺度衡量。回顾前文瓦尔拉斯一般均衡分析我们可以看出，即使不能用效用衡量主观价值，也可以使用无差异曲线证明一般均衡分析的所有命题。换言之，构建新古典经济学理论不是以效用的可测量性为前提，只要能绘制出无差异曲线或排列出不同偏好的顺序就可以。明确指出这一点的是

20世纪30年代的希克斯、道格拉斯·艾伦（Douglas Allen）等经济学家。

新古典经济学理论的第二个前提条件是，构成经济的基本经济主体是抽象的"经济人"（homo economicus）。经济人能够基于表现为各自偏好的主观价值标准选择最为合理的行为。

经济人这一概念实际上剔除了人的文化、历史、社会等属性，假设人仅仅基于经济计算采取行动。经济人是一个极为抽象的概念。不仅如此，经济人的主观价值标准和人的成长社会环境、经济条件都没有关系，和其他人采取的经济活动也彼此独立。经济人在遵循自身价值标准进行选择和行动时能够获得所需的全部信息，且无须任何成本。必须强调的是，这些假设和"消费者主观偏好"概念有相通之处，是新古典经济学理论成立必不可少的前提条件。

生产资料的可塑性

在新古典经济学理论的前提假设中，下一个需要特别关注的是生产资料的可塑性或可变性。

生产要素具有可塑性是指某种生产要素不为某种特定用途存在，可以根据每时每刻的不同情况，在不耗费金钱也不需要花费时间的条件下，从一种用途自由地转换到另一种用途。

在介绍新古典经济学的生产理论时，我们提到了劳动投入量随工资水平和商品价格的变化而改变的假设。这意味着劳动具有可变性的特征，也正是基于劳动可变性的假设，实际工资水平等于劳动的边际产出的边际原理才得以成立。

生产时间（周期）

在生产资料的可塑性或可变性的前提中，还隐含着关于生产时间的前提假设。生产时间是指在生产过程中投入各种生产资料，再将产品供给到市场直至最终销售的整个过程平均所需的时间。生产资料的可塑性这一前提实际上也是基于生产时间为零或者短到可以忽略的假设才得以实现。

新古典经济学有很多关于生产时间的文献。事实上，庞巴维克的主要贡献之一就是他对"迂回生产"现象的研究，即生产时间遵循怎样的规律。除了极少数个例，还没有出现把生产时间作为内生因素研究生产时间和一般均衡理论关联的系统性成果。我想利用安井琢磨教授的研究成果对于这一点以及它和"阿克曼问题"（Akerman's Problem）的联系加以说明。安井教授的研究在动态不均衡理论的研究中也发挥了重要作用。

同时满足生产资料的可塑性和生产时间的瞬时性这两个假设条件时，企业这一制度或者说这种组织就毫无存在的价值了。因为在这种情况下，企业只是单纯的生产资料集合体，当市场条件发生变化时，企业也会自由地变换自身的形态。因此，在新古典经济学的理论框架下研究企业或者生产者行为时，经济学家会将企业分解为一个个拥有生产资料的经济人，考察单个经济人所采取的行动，然后将所有单个经济人的行为加总作为企业行为。将一个经济循环过程分解为若干单个经济人的理性行为并加以分析，这样的模式可以说是新古典经济学的一大特征。

市场均衡的稳定性

新古典经济学理论的第三个前提假设是市场均衡的稳定性。换言之，所有的商品和服务都有一个使其需求量和供给量相等的市场价格体系。如果出现需求量和供给量不一致的情况，市场价格会迅速调整，瞬间形成新的均衡市场价格体系。瞬间实现均衡市场价格比市场均衡的稳定性还要苛刻，实际上它意味着根本不可能存在市场均衡以外的状态。这也是从前述生产资料的可塑性假设推出的必然结论。

我们可以假设经济处在不均衡状态之中，经济人在这种不均衡的环境中完成生产、交换、消费等经济活动。在这种状态下，如果一种商品的需求量超过供给量，就必须采取某种办法重新分配需求。对于需求未得到满足的消费者来说，他会重新分配自身的收入并制订相应的消费计划。此时，需要重新制订生产计划的不仅包括供不应求的商品，还包括其他商品和服务。当然，这些商品和服务之间也会相互影响。生产者必须及时修正生产计划，消费者也不得不修改自己的收入目标和消费计划。同样，在供给量超过需求量的时候，调整会再次上演。调整是否能够收敛到稳定状态现在还不得而知。一般在分权性的市场经济制度下，出现不均衡状态的概率近乎为零。这里所说的分权性是指个人基于各自的价值标准决定如何分配自己所有的稀缺资源。同时，分权性的制度也意味着决策者不需要知道其他人的状况和行为。当然，收集其他人处在何种状态和采取何种行动的信息并加以分析和预测本身并不和分权性矛盾，我们在这里强调的是不再把"获得客观的知识并形成正确认识"作为前提条件而已。

此外，在同时满足生产资料的可塑性和生产时间的瞬时性的前提下，即使存在不均衡状态，需求量和供给量之间的背离也会瞬间得到修正，所有的商品和服务市场最终都会恢复到最初均衡的状态。换言之，我们能够观察到的就只有一般均衡分析中假设的市场均衡状态。

新古典经济学的基本命题

通过前文的描述我们可以发现，新古典经济学的理论前提包括：生产资料的私有制、经济人的理性、主观性价值标准的独立性、生产要素的可塑性、生产时间的瞬时性以及市场均衡的稳定性。这也是对纯粹意义上的资本主义市场经济制度下的经济循环过程的分析。从这一系列的理论前提和制度条件出发，可以推导出很多理论命题。下面我将在这些理论命题中挑选出几个具有代表性的命题进行简单介绍。

帕累托最优

我们介绍的第一个理论命题是市场均衡最优性（效率性）命题。我们之前阐述的一般均衡分析研究的是竞争性市场中的均衡问题。在竞争性市场中实现的市场均衡满足帕累托最优，即在市场均衡状态中，若想提高某个消费者的效用水平，必然会降低其他消费者的效用水平。我们需要注意的是，帕累托最优是有关资源分配效率性的概念，和收入分配的公正性或平等性无关。

新古典经济学主要关注效率问题而忽略了公平问题。这种倾向体现在新古典经济学的基本思想中。因为如果在收入分配的分析中加入公平性等评判标准，就会不可避免地引入主观价值判断，这就超出了经济学作为一门科学的研究范畴。明确提出这种认识并系统整理了经济学是一门科学这一思想的正是我们提到过的莱昂内尔·罗宾斯。

边沁的"效用"概念以某种具体的尺度衡量实际的满足感，也就让我们能够用一种严密的形式来表达收入分配的公平性。比如，我们可以认为，当每个人的效用水平接近相等时就实现了收入分配的平等。但是，正如新古典经济学的发展所示，当用序数的"偏好排序"代替基数"效用"时，我们就不能再以上述方式体现公平了。

在这种情况下，将每个人的主观价值标准加总，就会形成一种全社会共同的价值标准即"社会价值标准"。这种思想原本是由阿博拉姆·博格森（Abram Bergson）和萨缪尔森等经济学家以基数效用为基础提出的。但肯尼斯·阿罗以序数偏好排序为基础对这一问题进行了独创性分析。阿罗于1951年出版的《社会选择和个人价值》（Social Choice and Individual Values）一书中从理论上分析了将个人价值标准加总成为社会价值标准的过程，并证明了在民主主义约束条件下不存在能够将个人价值标准进行加总的方法，证明了著名的"阿罗不可能定律"。阿罗这种采用形式理论方法分析社会价值标准形成的做法可以说为经济学的发展开辟了新天地。在这个领域，稻田献一、铃村兴太郎等日本经济学家也做出了巨大的贡献。加总个人价值求得社会价值在制度和社会层面具有很高的价值，但阿罗的理论框架实际上将这一问题置于一种抽象且极具形式理论性质的分析框架之中，只关注其理论层面的价值。从这个角度看，阿罗的研究还存在一定的局限性。

新古典经济学的投资理论

在新古典经济学的投资理论中，生产资料的供给全部都会被使用。特别是对于劳动这种生产资料来说，充分就业是一种常态。

这一结论可以从新古典经济学理论的前提假设中演绎得出。"充分就业是一种常态"包含了重要的政策意义。

假设生产资料具有可塑性，我们会发现，新古典经济理论实际上几乎忽略了投资，因为投资本身是指固定生产资料的积累。如果所有生产资料都具有可塑性或可变性，那么很显然各个生产主体没有必要对生产资料进行积累。在未来需要新的生产资料时，生产主体可以很容易通过市场满足自身需求，不需要事先准备和投入。可以想象，需要事先积累生产资料的情况只可能出现在市场价格上涨获得资本收益的预期中。关于这一论点，特里夫·哈维默（Trygve Haavelmo）于1960年出版的经济学著作《投资理论研究》（A Study in the Theory of Investment）一书中也有相似的论述。新古典经济学中有关投资的理论中比较具有代表性的要数戴尔·乔根森（Dale Jorgenson）提出的投资理论。然而，乔根森的投资理论虽然用于分析适宜的资本存量时是合适的，但用于分析资本存量的增长率却有所欠缺。这也是乔根森投资理论中较为有争议的部分。真正的系统性的投资理论则在"彭罗斯效应"（Penrose Effect）提出以后才诞生。

税收中性原则

新古典经济理论还提出了"税收中性"原则。政府征收税收伴随着纳税人的可支配收入减少，导致一定量的社会福利损失，政府怎样以最小化这种损失为前提设计税收政策就成为一个问题。新古典经济理论认为，不影响市场价格体系的税制，即带有中立性质的税收是最合理且能够广为接受的。这种税收主要是指直接税，包括所得税、利润税（法人税）等。这一原则也认为，比起间接税，直接税更合理且对社会有益。

自由贸易

新古典经济学思想在国际贸易领域提倡自由贸易，即当国际贸易中废除贸易关税及非关税贸易壁垒，促进贸易自由化蓬勃发展时，所有国家的经济发展水平都会有不同程度的提升。众所周知，自由贸易具有重要的政策影响力。比如在第二次世界大战后，发挥支撑国际经济秩序作用的关税及贸易总协定（GATT）就是基于自由贸易思想创建的。自由贸易也是在新古典经济学的理论前提下才能成立，即需满足生产资料私有制、生产资料可塑性等条件。如果没有满足生产资料私有制或者生产资料可塑性的条件，自由贸易本身也就缺乏合理性。贸易自由化在一定条件下可能造成经济规模萎缩，同样的问题也出现在资本自由化之中。

充分就业和货币中性

新古典经济学还有一项重要的内容，那就是经济两分法（dichotomy）。经济两分法是指经济分为两个相互独立层面，即实体层面和货币层面。在实体层面，充分就业是一种常态；在货币层面，物价上涨率取决于货币供应的增长率，即货币中性成立。关于这点我会在后续章节中详细解说。

第 5 章

托斯丹·凡勃伦：新古典经济理论的批判者

最先对以瓦尔拉斯一般均衡为代表的新古典经济理论提出系统性批判的是托斯丹·B. 凡勃伦（Thorstein B. Veblen）。凡勃伦出生于美国威斯康星州的一个小乡村，是一位挪威移民的儿子。他年轻时就表现出优异的才能，曾经在卡尔顿学院、约翰·霍普金斯大学、耶鲁大学、康奈尔大学学习哲学和经济学，并先后在芝加哥大学、斯坦福大学任教，然而他的一生却不能说是幸运的。他作为挪威移民的后裔，在贫穷的农村生活，敏锐地观察到美国资本主义内在的矛盾，最终展开了对新古典经济学的批判。他的众多著作无一不贯彻着冷静的分析和犀利的批判。直到现在，不只是经济学，社会学和文化人类学等诸多社会科学都受到他很大的影响。可以说凡勃伦是美国最伟大、最有独创性的经济学家和社会学家。

新古典经济学的理论前提

凡勃伦在 1898 年到 1899 年之间发表了两篇论文，明确指出了当时正在形成的新的经济学理论成立的前提，并论述了其学理上的矛盾和现实上的局限。这两篇论文分别是《经济学的先入之见》（"The Preconceptions of Economic Science"）和《经济学为什么不是一门演化科学？》（"Why is Economics not an Evolutionary Science?"），在其中，凡勃伦最早使用"新古典经济学"来称呼这种新的经济学。他尤其以弗朗西斯·伊西德罗·埃奇沃思（Francis Ysidro Edgeworth）和阿尔弗雷德·马歇尔（Alfred Marshall）为主要研究对象，考察了当时已经开始产生支配影响的新古典经济学，试图阐明其成立的前提条件。

凡勃伦指出的新古典经济学的前提，和上一章介绍瓦尔拉斯一般均衡时提到的前提是一致的。（倒不如说，上一章里的讨论就是根据凡勃伦的论据写的。）比如生产资料私有制、经济人的概念、主观价值标准的独立性和不变性、生产要素的可塑性、市场均衡的稳定性等。凡勃伦详细分析了这些前提条件的含义，指出了其不现实的特点。凡勃伦对每一个批判，都相应地在自己的著作中给出了自己的理论。

《有闲阶级论》

在凡勃伦 1899 年发表的著作《有闲阶级论》（*The Theory of the Leisure Class*）中，他首先批判了经济人理性行为假设。人们的经济活动，尤其是消费活动，不能像新古典经济学主张的那样，可以用边沁的效用最大化标准来说明。凡勃伦认为，人的经济活动中很大一部分是由文化、社会、历史因素，尤其是制度所决定的。凡勃伦还反复主张"经济人"这一个概念本身就极大地偏离了人类行为的本质。凡勃伦下面这段话巧妙表达了这一观点，直到现在还常常被人引用，用以批判新古典经济学理论。

> 享乐主义关于个体的概念是将人视作闪电般地计算快乐与痛苦的计算器，他像一个追求快乐的摇摆的同质的小球，外界的刺激使他移动，但不会使他有所改变。他既没有前因又无后果。他是一个孤立的、确定的人类已知数，除了冲击力使其在不同方向移动外，他始终处于稳定均衡态。他在空间上自我驱动，绕着自己的灵魂轴心对称地旋转，直到外界力量强加于他，使他不得不屈从。当这些作用消失之后，他又成了一个和以前一样静止的、不易冲动的欲望小球。①

《企业论》

凡勃伦依靠《有闲阶级论》成为举世闻名的社会思想家，但在

---

① Thorstein B. Veblen, "Why is Economics not an Evolutionary Science?", *Quarterly Journal of Economics*, 1898, pp.373-397.

新古典经济学占支配地位的当时，凡勃伦并没有得到应有的赞誉。

在经济学史上，凡勃伦最大的贡献被认为是 1904 年出版的《企业论》(*The Theory of Business Enterprise*)。凡勃伦在这本书里建立了和新古典经济学生产理论截然相反的理论，并在经济循环、萧条发生、经济长期停滞等问题上形成了他自己的理论。

以工业革命为契机，近代工业社会中的大部分生产工作由机器来完成。凡勃伦最重视的就是这种变化的意义。机器根据特定的目的和用途被设计出来，配置到特定的工厂里，并被组装进特定的工序中。一个工厂生产出来的产品在另一个工厂里使用，该工厂生产出的新产品又进入其他工厂，就这样，工厂间的协作越来越紧密。因此，通常情况下，机器一旦被制造出来并配置到工厂，就几乎不可能再转做他用，即使可以再被组装进其他生产工序中，也需要花费巨大的费用。这样一来，机器生产不仅让一个工厂的生产具有固定性，也让不同工厂之间的相互关系带有固定的性质。经济整体的生产规模和具体形态，也就不能再根据外部条件和市场条件进行灵活的调整。这种状况和新古典经济学的假设是截然相反的。比如，在雇用劳动力的问题上，实际报酬和劳动的边际产出相等这一条件很难成立，而资本的边际产出和实际的利息相等也无法达成。

以机器为中心的生产过程成为主流，生产资料的固定程度也随之提高，作为生产主体的企业，其属性也发生了本质的变化。

新古典经济学认为企业会根据每时每刻的市场条件来调整生产资料，使得利润最大化。但在凡勃伦看来，这种企业不过是幻想之物。企业是一个有机的组织，随着时间的推移会成为一个具有自身认同的实体。

当生产过程和生产资料固定时，生产线一旦建成，即使价格和供求关系等市场条件发生很大的变化，企业的生产形态也很难改变。不仅仅是机器设备，熟练劳动等生产要素也有固定化的倾向，最终结果就是生产组织整体都固定化了。凡勃伦认为19世纪末期以后，这种现象在美国就很明显了。

产业和营利的背离

作为生产主体的企业不只是生产资料的集合，更是由中枢管理机构基于某种目的进行管理的一个实体组织。企业作为实体组织的特征非常明显。企业有着有机体的结构，是可以发起主体性行动的经济单位。但企业的目的归根结底还是追求利润。为此，营利企业还保留了这种最有效地利用积累的固定生产资料进行生产活动的基本思维。

当生产主体呈现出营利企业这种实体组织的形态时，企业雇用的劳动者、技术人员甚至经营管理人员，他们对待生产的方法，就必然与营利企业的性质存在紧张感。因为，一般来说制造者本能与企业为了追求利润而采用的经营方法之间存在矛盾，有时甚至是对立的。凡勃伦将焦点放在产业的生产本能和营利企业追求利润之间的紧张关系，或者说产业（industry）与营利（business）的紧张关系上，试图探明现代资本主义的病理学真相。通常情况下，这种紧张关系使得为了利润最大化而积累的生产设备、熟练劳动、技术人员等生产资料没有得到最大限度的利用。从凡勃伦的企业观我们可以得出结论：在一个以追求市场利润为中心的社会中，生产设备运转不足和劳动者的非自愿失业才是常态。

以机器为中心的生产过程和劳动的社会分工越来越固定化。直接承担生产的人员，即工人和技术人员的生产者本能，与经营者追求利润的动机之间的紧张关系越来越尖锐，产业与营利之间的背离也越来越显著，现代资本主义病得越来越重了。

在这种状况下，资源配置机制就不再像新古典经济理论描述的那样单纯了。各个时期经济的生产环境，取决于各个生产企业储备了多少设备、机器、熟练劳动等固定生产资料，以及多大程度上利用了原材料和非熟练劳动等可变的生产资料。但是，生产企业内部的设备、机器、技术等固定生产资料都是在过去的某一个时间点计划、生产、配置的。换句话说，过去计划并实行的投资活动决定了现在的固定生产资料储备，进而决定了现在的生产环境。在进行这种投资的时间点上，我们当然无法正确把握现在的市场情况，特别是价格、需求、替代产品、技术等信息。因此，这种投资活动既无法保证现在的固定生产资料的质与量最符合现在的市场条件，也无法保证各企业利润最大化。如果现在的固定生产资料得到充分利用，那反而是例外现象了。

再者，现在的固定或可变生产资料的利用情况，还受到现在的投资规模的左右。然而，现在的投资是经营者依据对将来的市场条件，即价格、薪酬、需求、替代产品、技术等的预期来决定的。我们现在不可能拥有关于未来的市场条件的客观和正确的知识，只能尽可能地有效使用现在掌握的信息，形成对未来市场条件的预期，并据此来决定现在投资的方向和规模。从这点来看，要完全利用现在的固定和可变的生产资料达到充分就业的状态是非常困难的事情。后来，凯恩斯写成了《就业、利息和货币通论》（以下简称《通论》）一书，主张非自愿失业的存在是常态，充分就业只是一种极端状态。但其实凡勃伦在 1904 年出版的《企业论》中，已经对这个命题进行了极具说服力和洞察力的分析。凡勃伦进一步向我们明确指出，通常在资源配置上，个人最优与社会最优会产生背离。帕累托最优这一新古典经济理论的基本命题，在现代资本主义的制度条件下已经变得不再适用了。

金融资产市场的不稳定性

凡勃伦还指出，随着金融市场和资本市场越来越集中，越来越高效，产业和营利之间的背离问题会越来越严重，引发市场经济制度整体的不稳定。金融市场和资本市场为企业的债券和股票提供高度流动性，只需要少量手续费和时间延迟就可以自由大量交易。金融资产市场越发达，债券和股票的流动性越高，这就意味着更有可能保证有效率的交易。一方面，生产过程愈发固定化，企业在实体层面的固定性不断提高；另一方面，企业发行的债券却具有越来越强的流动性。这可以说是现代资本主义最明显的一个制度特征。在这种情况下，金融资产市场上的价格不一定反映实际价值，而是很大程度上被人们根据自己对市场价格变动的预期进行的投机活动左右。这一点在股市中尤其显著。购买股票时，很多人与其说是为了通过持有股票在将来很长时间里得到分红收入，不如说是为了短暂持有股票并卖出，从而获得资本增值收益。在这种状况下，人们对未来短时间内的市场价格的预期会影响股票价格的走向。

即使金融资产的实际价值非常低，只要有很多人预测它的未来市场价格会上升并因此带来极大的资本收益，那么它在现实中的市场价格就会上升。市场价格验证了人们的预期，促使人们形成更高的价格上涨预期，结果很可能市场价格进一步上涨。投机引发出更多投机，这种状况未必就是例外。

从生产面看到的企业实际价值，和投机形成的股市价值产生背离，这种背离有时会不稳定地加速扩大。当其增大到一定程度，超出了阈值时，人们对投机的预期也会超出界限，最终迎来巨大的反转，引起股票价格的暴跌。这就是金融恐慌最典型的生成过程。股市的恐慌不只局限于金融部门，也会波及经济整体。股票大跌会引起投资成本的大幅度上涨，引发投资水平大幅下跌。结果就是有效需求减少，非自愿失业增加。国民收入水平也会随之大幅度减少，企业管理者的预期变得更加悲观，投资水平越来越低，有效需求进一步减少，非自愿失业进一步增加。陷入这种恶性循环，经济也将进入一种慢性的低迷状态。凡勃伦认为，金融恐慌、景气螺旋恶化、慢性经济停滞都不是例外现象，而是现代资本主义制度条件下的必然现象。

凡勃伦在《企业论》中抽象出现代资本主义经济制度的特征，探讨它对经济循环过程有怎样的影响，展开了精彩的分析。他有力地说明了，在现代资本主义的制度条件下，资源分配的个人最优和社会最优存在背离，这种背离随着生产过程的固定化和金融市场的集中化、效率化进程将会越来越大，最终引起金融恐慌，而经济的慢性低迷和非自愿失业的大量长期存在也是无法回避的结果。如果想要避免这种状况，实现社会整体的最优资源配置，应该采取怎样的政策手段呢？凡勃伦对这个问题的解答简单直接，包含了对现代资本主义强烈的不信任感。凡勃伦开出的处方是，要么让人们变得更加浪费，不遗余力地尽量购买企业生产的商品，要么政府在不影响民营企业投资意愿的前提下，尽量扩大公共投资，提高有效需求。凡勃伦下面这段话富含启发价值：

> 要将浪费性支出扩大到足以满足近代产业过剩生产能力的规模，几乎是不可能的。只依靠民间的积极性是不行的，营利企业只会在其需要的财务和服务上进行浪费性支出。毫无疑问，个人的浪费是非常大的，但储蓄欲望和进行有利可图的投资这样的营利企业逻辑已经深入现代人的行为习惯里了，以至于储蓄总是保持较高水准。因此必须有所作为。那就是，政府来进行有效的浪费。军备、公共设施、宫廷和外交等制度在完成浪费这个问题上变得非常重要。

《工程师和价格制度》

凡勃伦的悲观主义越来越严重。在资本主义制度下，不管从个人角度看，还是从公共的角度看，浪费都是为了实现充分就业不可避免的手段。这是市场经济内部的反逻辑、反社会因素造成的。凡勃伦渐渐开始确信，只要继续维持资本主义经济体系，这种矛盾就无法回避。他晚年写成并于1921年出版的《工程师和价格制度》(*The Engineers and the Price System*)清楚地表明了这种信念。生产企业出于利润动机进行管理的资本主义制度，很难实现从社会角度看最理想的资源配置。他主张实行计划经济体制，由相信技术专家治国论的工程师组成的苏联国家最高委员会来规划对社会最理想的资源配置方案，对各个生产主体进行具体指示，这样就可以从社会角度解决资源配置问题。在这点上，凡勃伦和主张在资本主义制度下通过政策来解决资源配置问题的凯恩斯分道扬镳。

大萧条

整个20世纪20年代，美国的经济虽然有些许波动，但整体上还是经历了有史以来最好的经济形势。在这十年内，美国国民生产总值提高到原来的两倍，人们的生活水平也显著提高。但这种经济成长是由追求企业利润的主导力量推动的，其中很大一部分是没有实质内容的空虚繁荣。而最具象征性的就是20世纪20年代末由于频繁的过度投机导致的大萧条。投机产生的泡沫最终达到顶点，引发了1929年纽约股市的大暴跌。

1929年9月3日，纽约股票市场创下了史上最高点，之后情况急转直下，10月24日开始大跌，这一天也被称作"黑色星期四"，第二周的星期二，即10月29日又出现了更大规模的下跌。美国卷入当时欧洲已经发生的资本主义经济萧条，历史上最大规模的经济大萧条开始了。美国经济的衰落在20世纪30年代以后愈加严重，加上欧洲和亚洲，全世界都陷入经济危机。直到第二次世界大战爆发，经济都还没能恢复。

大萧条给资本主义各国的社会、经济、政治造成巨大打击。1933年，罗斯福当选美国总统，推行了一系列新政，试图解决一连串的不景气状况，但这些政策都不是速效手段。引发第二次世界大战的经济和政治条件终于集齐，随之而来的是史无前例的社会变动。

大萧条对经济学也产生了决定性的影响，左右了经济学的发展方向。尤其是当时占支配地位的新古典经济学，在理论的系统性和现实的合理性上都因为大萧条而受到了彻底的质疑和批判。新古典经济学失去了其统治地位，而1936年凯恩斯的《通论》则为经济学提供了最新的理论框架，经济学的"凯恩斯时代"由此揭开了序幕。大萧条不管是从发生的机理，还是走向慢性经济衰落的过程，抑或各种政策的效果，都和25年前凡勃伦在《企业论》里的预测一样。凡勃伦的理论奠定了制度学派这个大的思想流派的基础，直到现在，这一流派仍可称得上是经济学的良心。然而正如《工程师和价格制度》所说，凡勃伦对制度改革的设计，不管是从理论上还是从政策上，在当时都没有得到很多人的共鸣。

1929年8月，就在纽约股市崩盘像他写的剧本一样发生之前，凡勃伦在斯坦福结束了波折的一生。然而，凡勃伦为经济学留下的知识遗产和批判精神，直到今天都还对我们解决当下的经济学难题有重要的启发。

第 6 章 凯恩斯的经济学

1929年至20世纪30年代出现的大萧条暴露了在当时具有支配地位的新古典经济理论的空洞性和与现实社会的脱节，使得新古典经济理论渐渐失去了主流经济学思想的地位。执着于求真并具备卓越现实感的托斯丹·凡勃伦虽然指出，现代资本主义制度中隐藏着引发全球经济萧条的因素，并做出了预见性的分析，但未能占据当时经济学的主导地位。当时对经济学产生重大影响，为经济分析提供新中心的是英国著名经济学家约翰·梅纳德·凯恩斯。

　　凯恩斯作为代表20世纪前半叶的世界级经济学家，对经济学思想的影响可谓极其巨大。凯恩斯不是所谓的"象牙塔"经济学者，他在政治、经济、文化等诸多领域都有过人的才能和丰富的活动经历。

凯恩斯的一生

　　凯恩斯于1883年出生在英国剑桥。其父约翰·内维尔·凯恩斯（John Neville Keynes）也是当时著名的经济学家，并在剑桥大学担任要职，其母佛萝伦丝·艾达（Florence Ada Keynes）是剑桥大学最早的女性学生之一，曾担任过剑桥市市长等职。凯恩斯的出生地位于剑桥市哈维路六号，是剑桥这个大学城里比较安静的住宅区之一。据说当时在英国占主导地位的学者和思想家经常会去凯恩斯家做客，可以说，凯恩斯家里随处体现出维多利亚时代末期的氛围。从伊顿公学毕业后，凯恩斯进入剑桥大学国王学院学习数学和古典文学，他还对政治、哲学、文学等表现出了浓厚的兴趣。他甚至在 20 世纪初和在当时伦敦文艺界具有中心地位的布鲁姆斯伯里团体关系亲密。

凯恩斯青年时代的这些经验极大地影响了他日后对经济学及其背后的政治、社会思想的理解。这正是英国经济学家 R. F. 哈罗德（R. F. Harrod）在其著作《凯恩斯传》一书中曾提到过的概念——"哈维路的文化前提"（Harvey Road Presupposition）。哈罗德对于凯恩斯的政治思想有过如下论述：拥有优越的认知能力，并且成长于良好的社会环境之中，与一般大众相比有着极其深刻且正确的知识和判断能力的一群精英人士，为了整个英国的长期利益，对政府进行富有理性的诊断，并提出中肯的应有的政策建议。可以说，英国能够繁荣很大程度上依靠这些贤人。哈罗德强调，这些精英人士并不是基于民主方式选举产生，因此他们的言行不必对一般大众负责。不可否认，凯恩斯主义经济学实际上自始至终贯穿着这样一种精英主义思想。进入 20 世纪 70 年代，在众多美国经济学家之间掀起了针对凯恩斯主义经济学的批判大潮，其中就包含了对上述"哈维路的文化前提"象征的凯恩斯精英主义的批判与反感。

凯恩斯从剑桥大学毕业后曾在当时的英属印度有过短暂的工作经历，又于 1908 年回到剑桥大学，担任国王学院的研究员。

就这样，凯恩斯回到剑桥大学开始了真正意义上的经济学家生涯。与此同时，凯恩斯还以当时英国自由党党员的身份参与政治活动。在第一次世界大战后，凯恩斯以英国财政部首席代表的身份参与了巴黎和会。但是凯恩斯并不认同当时英国政府的主张，并以《和平的经济后果》（*The Economic Consequence of the Peace*）一书表达了自己对一战后和约的担忧。很快，凯恩斯以首席研究员的身份成为国王学院的管理负责人。同时，他还兼任保险公司的重要职务并参与创建剧场等社会活动。凯恩斯还是芭蕾的忠实爱好者，他与俄罗斯著名芭蕾表演艺术家丽蒂亚·罗波可娃（Lydia Lopokova）的婚姻也曾轰动一时。凯恩斯的《俄国管见》（*A Short View of Russia*）即他在远赴丽蒂亚故乡的旅行中完成的著作。

1937 年凯恩斯曾因心脏病发作而休养，但之后又精力充沛地继续从事各种活动。第二次世界大战期间，凯恩斯进入政府部门并参与了几次重要国际交涉。第二次世界大战结束后，凯恩斯又以英国代表的身份参与了国际货币基金组织和国际复兴开发银行的创建。不幸的是，凯恩斯在访美期间心脏病再次发作，1946年4月21日，提尔顿男爵凯恩斯结束了他富有传奇意义的一生。

《通论》

凯恩斯在1936年出版的《就业、利息与货币通论》一书中论述了自己的经济学思想。这本《通论》也被认为是经济学史上最具影响力的书籍之一，是流传至今的经济学经典，在未来也将继续影响经济学的发展。

但是翻开《通论》阅读，人们一定会困惑于它的晦涩难懂。这一点恰恰和其他经济学名著，比如亚当·斯密的《国富论》形成鲜明的对比。凯恩斯的文章以华丽的修辞手法和深邃含蓄著称，《通论》也是如此，只通读一遍即可领会其全部含义的人恐怕还未出现。也正是因为《通论》难懂，凯恩斯的经济学含义以及政策意义经常被误解，有时甚至被肆意歪曲。但是，以《通论》为契机展开的新的经济学理论及其政策含义，掀起了名副其实的"凯恩斯革命"，翻开了经济学发展的新篇章。对此，日本经济学家安井琢磨教授用如下的语言鲜明赞美了凯恩斯的贡献：

> 经济学开启了新的地平线，出现了全新的分析方法，并据此作为实现公共政策的手段。这再次树立了经济学的威信。从

这些意义上说，凯恩斯主义经济学确实可以称得上一场革命。

凯恩斯主义经济学一方面在第二次世界大战后成为众多国家经济学研究的主线，另一方面也成为国家制定经济政策的指针性纲领，也正是凯恩斯主义经济学，让这些国家能够维持比较稳定的经济增长。从这个层面上讲，将20世纪30年代后半期到70年代初期称为"凯恩斯的时代"似乎也并不夸张。"凯恩斯的时代"开始于20世纪30年代爆发的大萧条，终止于70年代以第一次石油危机为导火索的世界经济动荡。大萧条极大地冲击了当时的全球资本主义世界，而凯恩斯主义经济学则是针对这次冲击开出的一剂良药。同时，凯恩斯主义经济学也被视为针对俄国十月革命后社会主义抬头的一种反制力量。更夸张地说，凯恩斯主义经济学是世界资本主义普遍危机的产物，其政策建议又是针对这种普遍危机开出的药方。

接下来，我想尝试以《通论》为主线介绍凯恩斯主义经济学。但我不会拘泥于字面修辞，而是努力探求其本质。

凯恩斯提出的问题

凯恩斯主义经济学的核心是批判当时处在支配地位的新古典经济学，并在此基础上构建可以取而代之的新经济理论。我们在

第4章对新古典经济学理论进行了详细的介绍，该理论强调以市场经济制度为基础的资源配置的效率性，并以帕累托最优解为中心展开分析，认为只要让市场机制充分发挥作用就可以解决一切经济、社会问题。可以说新古典经济理论更接近于一种信仰。20世纪30年代的大萧条动摇了新古典经济学的现实基础，与此同时，凯恩斯主义经济学从理论完整性的角度证明了新古典经济理论的乐天主义并不成立。凯恩斯在《通论》的最后一章中明确阐述了自己的问题意识。其内容如下：

> 我们所生活其中的经济社会，有两个显著的缺点：第一是不能提供充分就业；第二是财富和收入的分配不尽公平合理。本书的理论对第一个缺点的作用是显而易见的。但是它在两个重要的方面也与第二个缺点有关。
>
> 自19世纪以来，借助于征收所得税、超额所得税、遗产税等直接税收的方法，在消除财富与收入悬殊方面已取得了重大进步，特别是在英国尤为明显。尽管许多人希望将此进步继续向前推进，但由于双重顾虑他们踌躇不前。其一是担心因此助长人们故意偷税漏税之风，也担心因此会削弱人们潜在的冒险动机。其二是相信资本的成长依赖于个人储蓄动机的强弱，也相信大部分资本的成长依赖于富人出自过剩收入的储蓄。我认为两者中更重要的是后者。我们的论证对第

一重顾虑并无影响，但或许会影响人们对第二重顾虑的态度。因为我们已经看到，在充分就业之前，资本的增长并不取决于低消费倾向，非但如此，甚至还会受到低消费倾向的阻遏，只有在充分就业条件下，低消费倾向才有利于资本增长。而且经验还告诉我们，在现行情况下，公私机关用偿债基金所作的公共储蓄已经绰绰有余。通过收入的重新分配，达到提高消费倾向的做法，或许会有利于资本的增长。

根据新古典经济理论，充分就业和经济稳定增长是一种常态。与之相对，凯恩斯理论认为，非自愿失业人员的大量存在以及不稳定的经济循环等所谓的不均衡状态才是常态。这两种理论分别建立在怎样的理论前提之上呢？正如凯恩斯自己在《通论》的前言中所表述的，如果说经济理论存在某种缺陷，那是因为理论的假设前提要么不合理，要么和现实情况脱节，而不是因为建立在理论前提基础上的理论演绎过程有问题。凯恩斯的《通论》和新古典经济理论的根本区别就在于如何理解现代资本主义的制度性前提。凯恩斯究竟是如何认识现代资本主义的制度性前提的呢？

凯恩斯的理论前提

理解凯恩斯主义经济学的重点在于明确理解《通论》背后隐

含的企业观。凯恩斯认为在资本主义经济中发挥核心作用的是私有企业。私有企业不仅要使用各种生产资料,决定生产何种产品及生产数量,还要开发新型技术和产品,决定未来的投资方向和投资的性质。通过这样的方式,私有企业不仅左右资本主义经济的循环方式,还决定经济发展方向。但是,凯恩斯所指的私有企业实际上和新古典经济理论中的企业家存在着根本性的差异。新古典经济理论更多强调企业家的个人属性,即将生产资料进行组合并以利润最大化为最终目标的生产协调人(coordinator)。与此相对,凯恩斯理论中的私有企业则是有机组织,是按照理性原则行动的实体单位,是经济活动的主体。私有企业对产品的种类、生产数量、生产过程中使用的技术、原材料的采购方法、产品的销售模式以及对新设备的投资和技术开发等全部流程进行研究和判断,最终得出最适合自身的决定并予以实施。各私有企业不仅要选择符合自身发展方向的人才,还要选择经营者。因此,随着时间流逝,企业仍能保留自己的身份认同。凯恩斯理论的企业观和凡勃伦定义的企业如出一辙。

凡勃伦的"企业"这一概念,在阿道夫·伯利(Adolf Berle)和加德纳·米恩斯(Gardiner Means)于1932年出版的《近代企业和私有财产》(*The Modern Corporation and Private Property*)一书中得到了实证检验。伯利和米恩斯把当时美国代表性的企业作为研究对象,重点研究了企业所有权和经营权分离的实现途径和实际状况，得出了所有权和经营权正在以一种极为明确的模式分离的结论。因此，凯恩斯的企业观可以说是在凡勃伦把私有企业看作决定现代资本主义基本特征的实体组织的认识之上，又援引伯利和米恩斯的一系列实证分析之后最终形成的。

基于凡勃伦的企业概念，形成的宏观经济理论和新古典经济理论完全不同。在这样的私有企业经济制度下，新古典经济理论把经济行为都分解为个人行为的假设就失去了合理性。经济分为两个明显不同的部门，每个部门都有自己独特的行为方式。这两个部门分别是决定生产和投资的企业部门以及决定消费和储蓄的居民部门。

凯恩斯的阶级观

凯恩斯是怎样认识资本主义市场经济中的阶级的呢？对于这一问题，《通论》一书没有十分明确的阐述。但是我认为凯恩斯在 1923 年出版的著作《货币改革论》（*A Tract on Monetary Reform*）中却十分鲜明地描绘出了他对于上述问题的观点。进入 20 世纪 20 年代不久，英国进入了严重的经济停滞。就在这一时期，时任保守党政府财政大臣的丘吉尔开始试图恢复金本位制度。凯恩斯对于政府的这一做法持反对意见，并积极地阐述自己的主张。《货币改革论》这本书就是由当时的论文汇集而成的。凯恩斯在这本书中详尽分析了英国第一次世界大战前以平价（parity）为基础恢复金本位制度对国内经济产生的影响，并对恢复金本位展开了深入的批判。凯恩斯在这里主要分析通货膨胀的经济影响因经济主体的性质不同而异。为此凯恩斯将经济活动主体分成三个阶级，分别是投资家、劳动者、食利者。投资家是企业的化身，是使用各种生产资料进行生产活动并追求利润的经济主体。第二阶级的劳动者，是将自身的劳动提供给企业从而获得工资维持自身生计的经济主体。构成第三阶级的食利者则是以金融资产的形式持有公司债务，获取分红和利息维持其生计的经济主体。

当我们以《通论》中的宏观经济视角进行分析时，会发现凯恩斯的三个阶级划分并不十分恰当。原因在于现实社会中劳动者和食利者的区分并不容易。劳动者把工资收入的一部分不用于消费，而是储蓄起来，储蓄可以视为购买金融资产。此后，这位劳动者的收入就不只有工资收入，还包括金融资产的利息和分红。这种情形下，劳动者和食利者的身份就重合了。凯恩斯的三个阶级划分能够成立的前提条件是，劳动者将所有收入都用于消费而不储蓄，资本家则将所有收入用于储蓄而不消费。也就是说，这种前提条件是马克思的阶级观。从这一点来看，将劳动者和食利者归为一个大类，统称为居民部门更具现实性，也更能保持理论的系统性。

企业部门包括凡勃伦的营利企业或者私有企业。这些企业由各种各样的固定生产资料构成，拥有中枢性质的经营管理体系，是具有共同行动目标的有机体。在企业中工作的劳动者和技术人员的行为模式以及经营者的决策未必和作为企业所有者的全体股东的希望保持一致。在这种情况下，伯利和米恩斯所强调的经营权和所有权的分离就成为普遍现象。实际上，经营权和所有权分离的事实在经济学上的含义直到很久以后才得到明确关注。英国著名经济学家伊迪丝·T. 彭罗斯（Edith T. Penrose）的著作《企业成长理论》(*The Theory of the Growth of the Firm*, 1959)以及罗宾·马里斯（Robin Marris）于1964年出版的《经理资本主义理论》(*The Economic Theory of Managerial Capitalism*, 1964)将其体系化为"剑桥学派企业理论"。宇泽弘文在1969年出版的论文《时间偏好和经济增长的两部门模型的彭罗斯效应》("Time Preference and the Penrose Effect in a Two-Class Model of Economic Growth")中将凡勃伦式企业的特征以彭罗斯效应的形式公式化，并明确其在宏观经济学上的意义，同时以更系统的方式重新构建了《通论》。

和新古典经济学理论不同，凯恩斯认为企业部门在调节生产规模以及雇用劳动人数时不一定遵守边际原理。原因就在于，对生产设备以及机器等固定生产资料进行瞬间调整，边际产量不可能等于市场价格。对于劳动等生产资料，即使能够完成这种调整，企业也会为此付出巨额成本，在多数情况下边际原理不再合适。

关于这一点，不得不承认《通论》存在一些无法自圆其说的内容。

两个基本前提

凯恩斯在《通论》一书的开篇部分首先对新古典经济理论的两个基本前提进行了论述。第一个前提是，劳动的需求量在劳动的边际产量等于实际工资水平时确定。第二个前提是，劳动的供给量在劳动的边际负效用等于实际工资水平时确定。凯恩斯认为新古典经济理论在这两个基本前提下实现长期的充分就业，这一点符合我们在第 4 章中对新古典经济理论的假设前提的解说。凯恩斯在《通论》中否定了第二个前提，仅在第一个前提下论述自己的理论，认为非自愿失业是一种常态。凯恩斯认为新古典经济理论中的充分就业还需要满足第二个前提条件，是一种极端特例。这也是凯恩斯为他的著作取名《通论》（《就业、利息与货币通论》）的原因。

投资概念

凡勃伦-凯恩斯企业概念的第三个特性是有关投资方面的，投资理论也是《通论》中非常重要的部分。从理论角度分析，投资这个概念意味着固定生产资料的积累。可变生产资料可以在未来需要时临时采购，因此不需要事先蓄积。投资仅仅在有固定生产资料的情况下才有意义。在凡勃伦-凯恩斯的企业观中，投资才被认为发挥着极为重要的作用。

将投资作为固定生产资料的积累，我们在这一定义的基础上展开讨论时，应该按照何种标准确定积累的水平呢？企业通过投资进行固定生产资料积累，在未来市场条件发生变化，导致新增投资失去必要性时，企业很难处理这些生产资料。相反，企业在迫切需要大规模扩张生产规模时，如果事先没有积累固定生产资料，将无法扩大生产，或者说要花费大量额外成本。因此，现在进行的投资行为实际上和对未来市场条件的预期紧密关联。但是，在现在这个时点上，我们很难了解未来生产能力提升和生产规模扩大后的市场条件。因此，投资者能够做到的仅仅是依据现有可利用的信息预测未来的市场条件，并依据这些预测制订相应的投资计划。

现在时点的生产能力是由过去的投资量，也就是现在的固定生产资料的积累量确定的，因此我们不能保证在现在的市场条件下能够实现最大利润。这也是由于在过去的时点，投资者无法正确认识现在的市场条件。投资总是经营者在过去—现在—未来的时间流中，仅仅凭借关于未来的不完全信息，一边形成对未来的预期，一边从事企业活动决定的。这一理论鲜明地表现出投资的动态特点。

以生产资料的固定性为研究开端,以伴随时间流逝和具有不确定性的企业活动为研究主轴,凯恩斯形成了经济周期的内部机制理论。琼·罗宾逊很早就强调了凯恩斯主义经济学的这一重要特征。

预期的作用

根据凡勃伦-凯恩斯企业概念,预期在决定企业经济活动的水平时发挥着重要的作用。凯恩斯在《通论》中将预期分为两种类型,即短期预期和长期预期。短期预期是指从生产开始至结束,商品供应到市场销售出去这一段时间内,生产者对市场条件的预期。与此相对,长期预期是指工厂、生产设备等固定生产资料从开始建设直至这些固定生产资料的经济性使用寿命完全终结的很长一段时间内,生产者对于市场条件的预期。凯恩斯认为短期预期和现实没有太大的差距,这种差距可以忽略不计,长期预期决定投资水平进而对经济活动产生较大的影响。长期预期在形成过程中存在着诸多不稳定因素,这些不稳定因素是引发资本主义经济周期不稳定的重要原因。

投资理论

上面我们主要针对投资这一概念进行了说明,但是投资水平究竟根据什么标准确定呢？投资水平实际上由资本边际效率原理确定。

资本边际效率衡量的是投资水平每增加一单位，企业利润从现在至将来会增加多少。我们假设投资水平新增加了一个单位，从现在至将来，企业的净现金流也会增加。将新增加的净现金流按照某种比例贴现后得到其现值，当现值和投资成本的边际增幅相等时的贴现率就是资本边际效率。当投资水平提高时，增加投资对于净现金流增加的拉动效应呈现递减趋势，即资本边际效率通常会下降。资本边际效率受企业经营者对未来市场条件的长期预期左右。

各个企业投资水平的最优解出现在投资的成本（长期利率）和资本边际效率相等之时。此时，用长期利率贴现后得到的企业净现金流现值达到最大。最佳投资水平会随长期利率的降低而升高，当企业经营者的长期预期变得更加乐观时，资本边际效率上浮，最佳投资水平也会上升。这种关系在现在时点的利润率上升时也同样适用。严格意义上的贴现率不应该是长期名义利率，而是去除物价上涨预期后的利率，即长期实际利率。

将各个企业的最佳投资水平加总，就可以求出经济整体的投资水平。投资函数描述的就是总投资如何受长期（实际）利率、利润和其他因素影响。

有效需求理论

基于以上投资理论,可以推导出有效需求理论,这是《通论》的一大支柱。

·有效需求量是总供给和总需求相等时的需求水平。总供给是指在某一就业水平下,经济中的商品和服务的供给总数量,就业是可变的,企业以利润最大化为目标确定生产规模和雇用的劳动人数,在这个前提下,经济中的就业量对应的以工资衡量的商品和服务的总和就是总供给量。就业量(N)和国民总收入(Y)的关系可以表示为图5中的 SS 曲线。

与此相对,总需求是指某一就业水平对应的经济中对商品和服务的需求总数量,这个需求量是以工资为单位衡量的。

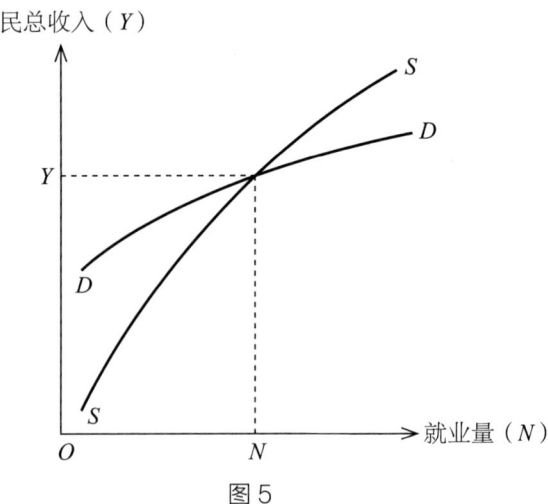

图5

总需求可以分解为消费、投资、财政支出三个部分。其中消费为居民部门购买商品和服务的总和。决定消费的主要因素是国民收入。边际消费倾向表示每增加一单位收入中有多少用于消费的指标，其数值一般是小于1的正数。投资为企业部门中投资计划的总和。投资的主要决定因素已经在上一节做了比较详细的介绍。财政支出是政府部门购买商品和服务的总和，也以工资为单位衡量。一般来说，财政支出分为由国民收入的大小决定的部分和相对独立的部分。财政支出边际系数表示国民收入每增加一单位，财政支出增长的大小。如果边际消费倾向和财政支出边际系数的和小于1，总需求曲线就会如图5中的 DD 曲线所示。此时，总供给曲线和总需求曲线将会相交于一点。这个交点对应的国民生产总值即有效需求（effective demand）。凯恩斯的有效需求理论认为，在现实社会中，有效需求的水平决定经济活动的水平。特别是就业量取决于有效需求的水平，并不完全和劳动供给量一致。有效需求的水平也是导致非自愿失业的重要因素，这是《通论》的重要结论之一。

要推导出上述结论，总供给曲线和总需求曲线不是同一曲线就很重要。企业和居民是有着不同性质的经济主体，有着各自独特的行为方式。这两点"不同"是上述总供给和总需求曲线不重合的基本前提条件。

与此相反，当我们在新古典经济理论框架中考察时，投资规模在一般情况下等于储蓄规模，因此总供给曲线和总需求曲线就是同一条曲线。此时，实际的就业人数和充分就业人数相等就未必是矛盾的。总供给曲线和总需求曲线完全重合时，萨伊定律（Say's Law）成立，即供给量的增加会产生等量的需求量增加，在此条件下，商品和服务市场的均衡条件就不能独立决定就业量。这一点非常清晰地表现出凯恩斯理论和古典经济学以及新古典经济理论最根本的差异。

流动性偏好理论

上节我们阐述和说明了就业量由有效需求确定。除此之外，总需求还受市场利率的影响。特别是投资需求，受市场利率的影响，有时甚至会大幅波动。消费需求虽然受市场利率影响的程度低，但也仍然会受影响。因此，为了形成完整的有效需求理论，必须明确回答市场利率由哪些因素决定。这就是凯恩斯的流动性偏好理论。

市场利率，更加精确地说是市场利率体系，实际上取决于金融资产市场中交易的金融资产的市场价格。在金融资产市场中，企业和政府发行的债券被作为金融资产进行交易。金融资产市场中的交易对象包括债券、股票、国债、票据等。

在这些金融资产中，最重要的是货币。货币在交易过程中作为结算工具，发行量由金融管理当局控制。货币的定义并没有清晰明确的定论，它很大程度上受研究什么经济对象，考察什么问题左右。关于这一点我们必须注意的是，凯恩斯《通论》中的货币概念实际上不同于一般意义上的货币概念。一般我们所说的货币是指由中央银行发行的纸币（也包含日本财务省发行的硬币），即所谓的现金，以及金融机构的活期存款，即所谓的存款货币。现金和存款货币的总和一般称为 M1。凯恩斯使用的货币是在 M1 的基础上又加入了具有高度流动性的短期金融资产。这样一来，凯恩斯所说的利率主要是指长期利率。

货币也是金融资产的一种，货币的需求也取决于货币的价格和收益率。货币的价格取决于以其他形式而非货币形式保有金融资产时获得的收益，这个收益率就是市场利率。换句话说，凯恩斯对利率的定义是放弃流动性所获得的相应补偿。

保有货币的收益不仅体现在交易结算便捷上，还包括投机性目的以及安全性目的。因此，货币的需求取决于市场利率（i）和收入水平（Y）。货币的需求如图 6 中的 LL 曲线所示。图 6 的横轴表示货币量（M），纵轴表示市场利率（i），两者都以工资单位衡量。货币需求量如 LL 曲线所示，向右下方倾斜。这表示市场利率上升意味着保有货币的成本增加。如果货币供应量由金融管理当局控制，那么在货币工资率为给定的情况下，货币供给会像 MM 曲线所示，和纵轴保持平行。

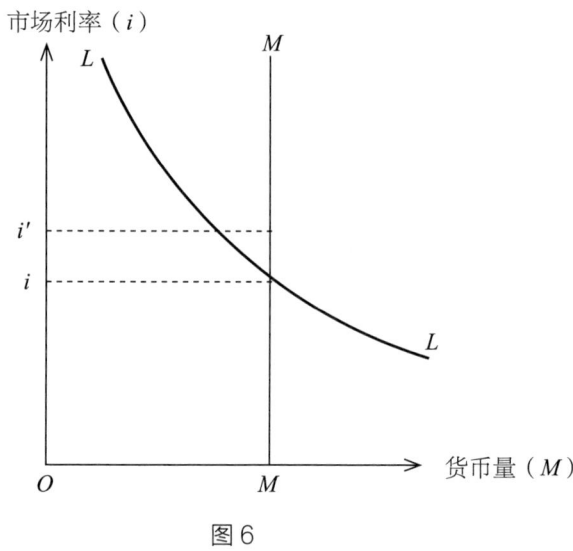

图 6

市场利率由货币需求和货币供给相等时的水平决定。假设利率位于图 6 中的 i' 水平,那么货币的需求就会低于供给。人们此时会立刻放弃货币,购买其他能够产生利息的金融资产。金融资产的价格随之升高,市场利率降低。这个调节过程会持续至货币需求和货币供给相等时,也就是在上述图 6 中两条曲线相交时实现均衡。

有效需求增加促使雇用量增长。货币需求曲线向上方移动,市场利率随之上升。与此相反,货币供给增加则使 MM 曲线向右移动,市场利率随之降低。

希克斯的 IS-LM 分析

　　凯恩斯的《通论》实际上可以说是决定劳动总体雇用量的有效需求理论和决定市场利率水平的流动性偏好理论的有机结合。关于这一点，最富有启发意义的分析方法要数约翰·希克斯提出的 IS-LM 分析。希克斯在 1937 年于学术期刊《计量经济学》(Econometrica) 上发表的《凯恩斯先生和"古典学派"》("Mr. Keynes and the 'Classics'") 一文中首次成功地将《通论》的理论统一在一个理论模型下。这次归纳就是广为人知的希克斯 IS-LM 分析，这也是迄今为止理解《通论》最有用的分析方法。在这里我想使用 IS-LM 分析来说明如何将有效需求和流动性偏好这两个理论结合起来。

　　前面我们已经讲到，有效需求是总供给和总需求相等时的需求水平。但是，当市场利率 i 升高时，总需求的投资减少，某些情况下消费也会被拉低，总需求曲线因此向下方移动。如图 5 所示，有效需求下降，相对应的就业量 N 也会减少。市场利率 i 和就业量 N 之间的关系如图 7 的 IS 曲线所示，是向右下方倾斜的曲线。IS 曲线上的各个点表示不同市场利率 i 对应的由有效需求决定的就业量 N。如果用另一种方式定义有效需求，可以发现"投资（I）= 储蓄（S）"，因此这条曲线可以命名为 IS 曲线。

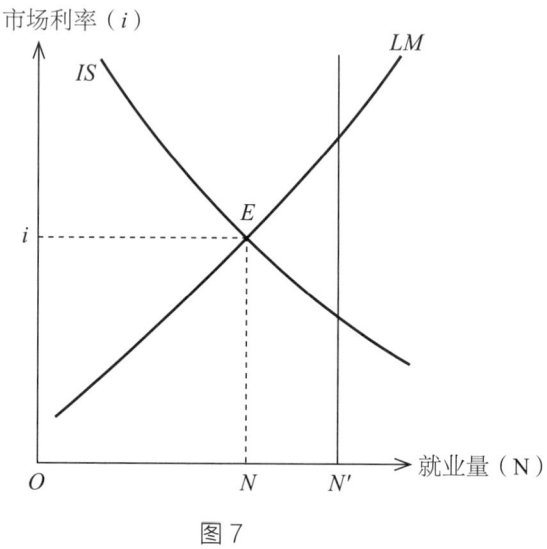

图 7

我们再来看决定市场利率水平的流动性偏好理论。有效需求的增加以及随之产生的就业量 N 的增加推高货币需求，引发市场利率 i 的上升。因此，就业量 N 和市场利率 i（由货币需求等于货币供给相等时确定）之间的关系，如图 7 中 LM 曲线所示，是一条向右上方倾斜的曲线。在 LM 曲线的各个点上，货币需求（L）都等于货币供给（M）。

经济的均衡状态就如图 7 所示，在 IS 曲线和 LM 曲线的交点 E 处实现。在点 E，就业量 N 一般都和充分就业水平 N^f 有所差异。这种差异即 N^f-N，表示非自愿失业的规模。

以上就是希克斯对凯恩斯理论的解释，也是 IS-LM 分析的精髓。达成凯恩斯-希克斯均衡时，劳动市场不一定处于均衡状态，存在非自愿失业。这意味着劳动者在有劳动意愿同时有劳动能力且迫于生计不得不去劳动的情况下,由于经济中的有效需求不足,不能保证完全就业。凯恩斯之前的新古典经济理论否认这种非自愿失业的存在。在新古典经济理论中,失业现象要么被认为是自愿的,要么被认为是摩擦性失业。而且,新古典经济理论认为,失业现象的发生是因为货币工资由于某种原因处在过高的水平,只要劳动者接受降低工资就能解决失业问题。针对这种认识,凯恩斯做出了截然不同的论述。他认为,有效需求最终决定了就业量,当货币工资降低时,有效需求水平反而有可能下降。凯恩斯主张,减少非自愿失业必须采用直接或间接的手段增加有效需求。

增加有效需求最有效的方法就是采用能使总需求曲线向上方移动的政策。在这类政策中,最直接的手段就是增加财政支出。此外,降低所得税税率等手段可以提高边际消费倾向以及资本边际效率,从而使总需求曲线向上方移动,*IS* 曲线也向上方移动,这也可以使有效需求扩大。

另外,作为一种间接扩大有效需求的手段,增加货币供给量,使 *LM* 曲线向下方移动从而降低市场利率,也可以使有效需求扩大。

从以上归纳我们可以看出,*IS-LM* 分析实际上是将《通论》的核心部分整理为简单明了的理论模型,并明确了《通论》的理论性以及政策性意义。*IS-LM* 分析使我们能够分析财政政策和货币政策对就业量、国民收入水平、市场利率水平等指标的影响,这一点具有非常重要的意义。在第二次世界大战结束后，围绕 IS 曲线以及 LM 曲线，研究人员运用统计学方法推导其结构参数，发展出计量经济学模型，推动经济学取得了划时代的发展。

凯恩斯通过对流动性偏好理论的研究强调，资本主义市场经济制度蕴含着内在不稳定因素。这种不稳定因素主要表现在金融资产市场中的价格形成机制很大程度上受投机性因素的影响，很可能导致均衡市场价格与实际价值背离。关于这一点，凡勃伦也曾在《企业论》一书中指出，这也是市场经济制度下引发经济周期不稳定的最重要原因。

上述背离集中体现在股票市场上。人们购买股票时仅需要支付可以忽略不计的手续费，就可以根据未来的市场状况自由地出售股票，因此人们往往更关注股票市场中股价的短期波动，试图获取资本收益。在这种投机性动机主导的市场中，市场均衡价格和企业的实际价值背离就很常见。凯恩斯认为应该重视这种背离引发的经济周期不稳定。因此，凯恩斯提议应该大幅提高股票交易的手续费，甚至规定一旦购入股票应终身持有。

凯恩斯的理性主义

以《通论》为代表，凯恩斯还完成了很多著作。这些著作都贯穿着一个相同的理念，即资本主义市场经济制度并不能保证资源配置和收入分配的效率性和公正性。由于经济周期不稳定，如果政府不以某种形式干预经济，那么就无法实现平衡、协调的经济发展。凯恩斯认为，政府不应该仅仅关注收入分配平等化这一古典理论的政策目标，还要回应充分就业和经济平稳发展的要求，这就需要灵活地运用财政和货币政策。这种思想日后被称为凯恩斯主义。凯恩斯不断地探求资本主义经济的运行规则。

此时，凯恩斯追求的目标是基于理性的财政政策和合理的货币政策，实现充分就业和收入分配的平等化。凯恩斯持有高度的理性主义立场，他认为，这种理性主义不仅是幻想，也绝不会埋没于盘根错节的既得利益结构中无法自拔，理性主义能够适应政治制度进化法则。

自凯恩斯高举理性主义政策理念大旗已经过去了半个多世纪。凯恩斯主义的含义其间也发生了很大的变化，但凯恩斯坚持的基于理性主义的政治理念和协调进步可能性的观点，仍然给如今学习经济学的人带来思想共鸣和理论信心。

第 7 章 战后经济学

第二次世界大战后

1945年第二次世界大战终于结束，世界上主要国家都留下了战火伤痕，经济社会都面临着史无前例的荒废。在这期间，世界经济，尤其是日本经济发生了巨大变革，经济学也迎来了巨大的飞跃，其内容也迎来了大幅更新。

二战后，全世界的经济学家身处怎样的状况呢？有一则逸事最能回答这个问题。1944年8月，盟军解放了巴黎。英国经济学家约翰·希克斯就在进入巴黎的先头部队里。进入巴黎的第一天晚上，希克斯听说有法国经济学家的集会，于是慕名前去参加。他被带到一个昏暗的小阁楼里，参加了莫里斯·阿莱（Maurice Allais）的研讨会。在这个研讨会上，阿莱花了很长时间说明抽象的数理经济学论文。希克斯不禁感到很惊讶。后来希克斯回忆道，尽管巴黎市区有幸免于战火，但法国乃至整个欧洲都几乎沦为废墟，这种情况下竟然还想到开展抽象的数理经济学理论研讨会，真是有着某种象征意义。

莫里斯·阿莱在二战期间就已经是法国权威的经济学家，他不仅在经济理论的多个方面都取得了独创的成果，还在国立巴黎高等矿业学校培养出了众多经济学家。获得1983年诺贝尔经济学奖的吉拉德·德布鲁以及法国理论经济和计量经济学领域的第一人埃蒙德·马兰沃（Edmond Malinvaud）都是他的弟子。阿莱有着与众不同的品貌和学术风格，比如他在一篇关于货币数量的论文里，引入了与各个时间段经济活动水平相关的心理学时间的概念，并以美国经济为分析对象，证实了货币的流通速度几乎是稳定的。

众所周知，希克斯通过《工资理论》《价值与资本》《经济周期理论》等著作，从二战期间到战后开辟了经济学新纪元。说他是对经济学现状影响最大的人也不过分。希克斯在1972年获得了诺贝尔经济学奖。阿莱也在1988年获得诺贝尔奖。

阿莱和希克斯在巴黎解放后的邂逅，正像是战后经济学发展的一种象征。经济学归根结底是以现实的经济制度为分析对象，运用犀利的视角和冷静严肃的理论，阐明经济现象背后隐藏的真相的一门学问。在战后最荒芜的年代里，他们一直贯彻理性主义的立场，展开经济学研究。不夸张地说，从这两位经济学家的身上，可以窥见战后经济学的特征和发展方向。

凯恩斯革命

第二次世界大战后的经济学发展始于凯恩斯革命。凯恩斯本人在 1946 年 4 月 21 日就去世了。22 日，伦敦《泰晤士报》发长篇悼词悼念凯恩斯。"凯恩斯逝世，英国失去了一位伟大的人。凯恩斯作为一名经济学家，不仅影响了全世界的经济学者，还影响了普通人的思考方式。他这一生取得了天才的成就。"《泰晤士报》还追忆了凯恩斯的一生，对他在学术上的成就给予了极高评价。

《新经济学》

1936 年出版的《通论》，已经成为了经济学界的共同财产。宏观经济学领域发生了名副其实的"凯恩斯革命"。查阅 1947 年由哈里斯（Seymour Edwin Harris）编辑出版的《新经济学》（*New Economics*）可能是了解凯恩斯革命具体内涵的最佳方法。这本书的作者包括凯恩斯在内的 26 位当时最权威的经济学家，他们在自己的专业领域内叙述了凯恩斯对经济学的贡献。其中道格拉斯·柯普兰（Douglas Copland）、理查德·古德温（Richard M. Goodwin）、戈特弗里德·哈伯勒（Gottfried Haberler）、罗伊·哈罗德（Roy Harrod）、华西里·列昂惕夫（Wassily Leontief）、阿巴·勒纳（Abba Lerner）、詹姆斯·爱德华·米德（James Edward Meade）、劳埃德·梅茨勒（Lloyd Metzler）、琼·罗宾逊、保罗·萨缪尔森、约瑟夫·熊彼特、保罗·斯威齐（Paul Sweezy）、简·丁伯根（Jan Tinbergen）、詹姆士·托宾（James Tobin）等人都为后来的经济学发展做出了开创性贡献，在经济学史上留下了各自的足迹。

在这本书中，先由哈里斯指出了凯恩斯在经济学史中的地位，并解说了其思想核心。哈里斯认为凯恩斯为经济学做出的贡献是伟大且不朽的。他还说，这个观点得到了本书其他作者的一致认同。柯普兰提出，凯恩斯不是给经济学的各种问题打上了终止符，他的贡献不如说是让经济学适应现代社会不断变化的各种制度条件。《通论》之前那些占支配地位的经济学，只适用于古典式自由放任的竞争性资本主义，已经不适应20世纪的状况了。随着20世纪科学、政治、市场结构等制度条件的不断变化，经济上的垄断、固化、储蓄过剩、需求不足、不充分就业都是必然现象。柯普兰认为，这些需要在凯恩斯提出的新理论框架里才能找到具有说服力的答案。

凯恩斯作为经济学者的活动横跨很多方面。就拿《通论》来说，其理论和政策上的意义也不是单一的。凯恩斯主义经济学是多样的，从理查德·卡恩（Richard Kahn）、琼·罗宾逊、罗伊·哈罗德，到威廉·贝弗里奇（William Beveridge），再到卡尔·波兰尼（Karl Polanyi）都是他的信徒。但是哈里斯曾推测，凯恩斯从本质上来说是资本主义的拥护者。哈里斯指出，凯恩斯虽然主张政府积极介入经济，甚至容许管制和干涉，但他的意图主要在于寻找拯救资本主义的道路。正如凯恩斯在其最后的著作《军费筹措论》（*How to Pay for the War*，1940）中所强调的那样，当收入分配越来越不平等，非自愿失业大量发生，若长此以往，资本主义制度就很难存续下去。

萨缪尔森的论文很有启发性地告诉我们，《通论》在当时是如何被世人接受的。《通论》就如同一场袭击了南方孤岛的瘟疫一样，俘获了许多35岁以下的年轻经济学者，让他们成为新思想的追随者。萨缪尔森认为，在英国，不只是剑桥大学，还有牛津大学的罗伊·哈罗德、詹姆斯·爱德华·米德，伦敦政治经济学院的尼古拉斯·卡尔多（Nicholas Kaldor）、阿巴·勒纳以及希克斯，都可以归入凯恩斯思想流派。在美国，也有如奥斯卡·兰格（Oskar Lange）、阿尔文·汉森（Alvin Hansen）等多位经济学家受凯恩斯思想的熏陶。萨缪尔森本人后来成为美国凯恩斯主义的代表人物，他最早基于凯恩斯的经济学观点写成了教科书《经济学》。

《新经济学》还收录了勒纳的几篇饶有深意的论文。勒纳立足于《通论》，展开了富有洞察力的研究。勒纳首先对非自愿失业这一概念做了引人深思的探讨，其后又指出如果不引入"投资"的边际效率这一概念，凯恩斯的投资理论就无法成立。事实上，凯恩斯的确错误地使用了"资本"的边际效率概念来分析投资决策问题。最后勒纳将分析的焦点放在凯恩斯的流动性偏好理论上,让它与新古典经济学的可贷资金理论的区别更加明显。在凯恩斯被一般人广泛接受、成为学界共同财产的过程中,天才理论家勒纳这篇分析透彻的论文以及罗宾逊的《就业理论引论》(Introduction to the Theory of Employment)可以说发挥了重要的作用。

在这本书里,还有一篇论文很重要,作者是阿尔文·汉森。汉森把凯恩斯的理论看作解释资本主义长期停滞的理论,预见其将成为战后新经济学的发展方向。

另一本可以和《新经济学》相提并论的书籍,是1947年劳伦斯·克莱因(Lawrence Klein)所著的《凯恩斯革命》(The Keynesian Revolution)。克莱因不仅从经济学的角度,还从社会、政治、思想等方面,对凯恩斯主义经济学的影响进行了敏锐的分析。

美国的大学与凯恩斯主义经济学

以第二次世界大战为契机,世界经济学研究的中心从英国的大学转移到了美国的大学。虽然这种现象也发生在经济学以外的很多其他学术领域,但经济学研究中心的转移有着极为重要的意义。因为美国各个大学极其容易受社会、政治、经济等因素影响,这也很大程度上左右了经济学的发展方向。

麦卡锡主义与经济学

新的经济学移植到美国大学后,其成长过程绝不是一帆风顺的。尤其是20世纪40年代到50年代,美国社会的政治气氛极其保守,凯恩斯主义经济学有时甚至和共产主义一起,被看作危险的学问。尤其是麦卡锡主义在全美国盛行的时候,美国各个大学的处境都非常艰难。

麦卡锡主义是指威斯康星州的参议员麦卡锡在20世纪40年代末到50年代前期展开的激烈的反共运动。这个运动形成了一种政治和社会潮流。麦卡锡以在参众两院共同活动的非美委员会为据点,积极地展开了一系列排除政府和大学里的共产主义者的活动。麦卡锡本人在1954年收到了参议院的谴责处分,于1957年因酒精中毒死去。但他留下的"遗产"直到现在都残留着巨大的负面影响。尤其是"非美委员会"的作用很大,对经济学的发展也造成了不小的影响。

非美委员会这个奇妙的存在完全可以说是时代的产物,但它对社会的毒害难以估量。调查委员会本来应当是为了立法而进行调查的机构,但非美委员会唯一的目的却是揭发那些他们认为从事反美活动的人的过往经历。他们在全美范围内传唤那些在大学、工会、媒体以及各种各样的领域中有良知的从事进步活动的人。在这个委员会上所陈述的证词会被当作和法庭、议会上的证词一样。非美委员会有时甚至还会给人安上侮辱议会罪的罪名而处以严厉惩罚。

简而言之，麦卡锡主义和非美委员会以抹杀美国内外有良知的批判现行体制的势力为目的，并取得了巨大的"成果"。麦卡锡主义使得传统上支撑美国社会的追求自由和平等的理想主义蒙尘。它试图通过强权扩展美国势力、推广美式生活，建立由美国主导、为美国利益而存在的和平，即所谓美国治下的和平（Pax Americana）。为了这个目的，他们不择手段地要抹杀美国国内有良心的进步势力。

非美委员会最先把矛头对准了马克思主义经济学的专家们。1951年，哈佛大学的保罗·斯威齐被委员会传唤。非美委员会没有从正面攻击他的证词，却在一些细枝末节上挑刺，最终给他安上了伪证罪的罪名，使得他不得不从大学离职。斯威齐与都留重人、保罗·巴兰（Paul Baran）这三个人，从20世纪30年代末到战后，一直在美国的马克思主义经济学领域占据了主导的地位。斯威齐在被传唤后的十几年里不断通过法庭斗争，直到1966年才终于得到无罪判决。在此期间，斯威齐无法进入大学任教，只能通过编辑《每月评论》（Monthly Review），向世人传达他在学问上的主张。保罗·巴兰是斯坦福大学的教授，也是当时美国知名大学里唯一保住了教职的马克思主义经济学家。非美委员会多次到加利福尼亚州的首府萨克拉门托，执拗地纠缠巴兰。巴兰的证词十分精彩，面对委员会如同蛇蝎般恶毒的质问，巴兰在思想立场上没有一丝动摇，也没有丧失作为人的尊严，他总是堂堂正正地回答他们的问题。巴兰不仅仅坚持了自身的经济学研究，维持了自己的人格尊严，还守护了美国大学的学术自由，从这一点来看，他的历史作用是非常重要的。斯坦福大学本来是一个保守主义色彩浓厚的大学，很多毕业生在政治和社会上也非常贴近美国的所谓"建制派"（establishment）。他们给大学施加了极大的压力，而大学也在明里暗里逼迫经济系解雇巴兰。然而，斯坦福大学经济系教授会全体举手拥护巴兰，在大学内部和外部的压力下保护了巴兰。巴兰虽然在经济上过得并不宽裕，但作为马克思主义经济学者，直到最后都没有变节，全心投入到经济学研究中。1964年4月初，巴兰在旧金山逝世。我认为他的一生如同一个中世纪的殉教者。

非美委员会的中伤和攻击继续扩大范围，从马克思主义经济学者蔓延到了所谓的思想进步人士，包括凯恩斯主义经济学者。非美委员会起到了什么样的作用呢？美国的经济学者们又进行了怎样的抵抗呢？有一起20世纪50年代中叶发生的标志性事件回答了上述问题。当事人是美国凯恩斯主义的代表人物，也是在二战后经济学发展中起主导性作用的人物。在这里我故意隐去他的姓名，以 A 教授称呼他，来讲述这个事件。

A 教授当时在美国中西部的一所州立大学任研究员助理，大学有意提升他为教授。非美委员会偶然到这个大学所在地出差，举办了公听会。A 在学生时代曾经是共产党员，因此感到自己一定会被传唤，于是向大学通报了原委。大学对他坦率的态度表示了感谢，并向他承诺，担任教授的评估过程不会受这件事情的影响。A 的同事，一名会计学的教授听说了这件事后，批判了大学的态度，并给全国各地志同道合的教授写信，告知大家自己所在的大学将要接纳一名共产主义者做教授，希望大家写信向大学抗议。这名会计学教授的计策奏效了，大学收到了大量的抗议信。在这种状况下，A 不得不辞去大学的职位。讽刺的是，A 这时还没有被非美活动委员会传唤。直到一段时间后，非美委员会到 A 读大学的城市才传唤了 A。A 在公审会上的回答十分富有古典色彩。"你过去是共产党员吗？"面对非美委员会的这个问题，A 回答道："是的。我还是大学生的时候，曾是共产党员。"非美委员会进而要求 A 说出他所属的党支部成员名字。而 A 这时回答："我加入的党支部组织严密，除了自己，其他人的名字我一个也不知道。"

非美委员会能使用的唯一法律手段就是给 A 安上一个伪证罪。A 最后虽然没有受到法律惩处，但也不得不放弃在美国大学的职位，去了其他国家的大学。直到数年后，美国政治和社会情况发生了很大变化，A 才重新回到美国，在自己的祖国成为大学教授。

非美委员会的活动绝不是孤立的现象，它所表现的是战后很长一段时间里，美国社会占支配地位的思想是多么保守。1951 年，哈佛大学保罗·斯威齐的同事理查德·古德温为了抵抗美国社会高压的气氛，辞去哈佛大学的职位，离开美国去了英国的剑桥大学。正是在这样的社会氛围中，发生了艾奥瓦州立大学"人造奶油论文事件"和伊利诺伊州立大学的"伊利诺伊事件"。在"人造奶油论文事件"中，年轻的研究生奥斯瓦尔德·布朗利（Oswald Brownlee）采用计量经济学方法写了一篇比较人造奶油和黄油营养的论文，州议会认为论文结论有问题，要求大学驱逐布朗利。该事件还导致了包括时任经济系主任西奥多·舒尔茨（Theodore Schultz）在内的多名教授辞职。"伊利诺伊事件"围绕埃弗雷特·哈根（Everett Hagen）发生，当时伊利诺伊州立大学以凯恩斯主义经济学为中心的课程改革被州议会当作问题，系主任被更换，哈根、莫迪格利安尼（Modigliani）、里奥尼德·赫维克兹等优秀的经济学者不得不从大学离职。

这些事件都如实反映了二战后美国大学所处的社会、政治环境。战争末期到 20 世纪 50 年代，美国社会朝着极端保守的方向发展，大学受麦卡锡主义的威胁。从马克思主义经济学到凯恩斯主义经济学，再到计量经济学，都被视为异端，要在大学里自由地做研究变得极为困难。刚才讲到的事件都是在这种状况下发生的，而这不过是冰山一角。不过，保罗·斯威齐、巴兰、舒尔茨、莫迪格利安尼等众多经济学者排除政治和社会的重重压力，为守护学术自由和学者良知而竭尽全力，这也给我们留下深刻的印象。

非美委员会的所作所为使有良知的经济学者遭受了各种各样的诽谤中伤，学术自由和专业活动受到了极大的阻碍。然而，这些经济学家毅然坚守学术和思想上的立场，捍卫了自己的人格尊严。很多大学也没有向社会和经济的严酷压力屈服，而是同心协力保护学术自由的场所，尽到了大学的社会使命。正因如此，美国的经济学才能够延续其作为一门学问的生命力。从20世纪50年代中期到60年代，以凯恩斯主义经济学为中心，计量经济学、数理经济学等多个领域都形成了新的问题意识，运用新的分析方法，形成了经济学的一个黄金时代。然而，我们绝不能忘记，这些引人瞩目的研究活动之所以成为可能，是因为很多学者付出了巨大牺牲，维护了经济学的学术自由。

这仿佛让我们看到了二战结束前日本那些抵抗军国主义和官僚主义压迫，用生命去守卫学术自由和人格尊严的经济学者，如大内兵卫、河上肇、有泽广巳、胁村义太郎、矢内原忠雄等。日本二战前的压迫比战后美国更甚，经济学者付出的牺牲也更巨大。但正因为这些先辈守卫学术研究的自由，保持了人格尊严，日本经济学才获得救赎。

现在日本的思想状况当然不能和二战前相比，但我认为也开始出现和美国50年代初的情况相似的倾向。尤其是20世纪60年代末到70年代，大学发生动乱，作为大学优良传统的学术自由、大学自治受到了政治和社会上的强烈批判。大学也作为"开放的大学"，开始朝着在政治和社会上更高效的管理方向迈进。尤其是大学的研究、教育经费投入，不断向自然科学领域倾斜。这种倾向成为普遍趋势，成为一种时代的潮流。经济学是一门要对体制持批判态度才能维持学术生命力的学问，正因如此，经济学受到的影响尤其突出。与非美委员会采用公开的形式不同，现在日本的大学受到的约束是隐形的，许多经济学者都没有意识到危险性。从这点来看，影响会更强而深远。

战后经济学的发展

简单地说，最能体现战后经济学潮流的是保罗·萨缪尔森在1948年出版的《经济学》。这是站在凯恩斯主义经济学的立场上写成的最早的教科书之一，在大学经济学教育里发挥了重要的作用。这本书的结构与以往的教科书不同，是从收入分析开始的。这个想法是基于1937年希克斯在《凯恩斯先生和"古典学派"》这篇论文中所提出的 $IS\text{-}LM$ 分析。

$IS\text{-}LM$ 分析也叫收入-支出分析。这是将国民经济主要的宏观经济变量——国民收入、就业量、消费、投资、财政支出、货币供给量、物价水平、利息率、进口等关系用一个方程组来表示的分析框架。

这个方程组体现了国民经济的各种要素，也是对经济结构的简化。在这个意义上，该方程组可以说建立了经济运行的模型。那么能否推算出这个方程体系中的参数呢？这对于凯恩斯主义经济学来说是一个最基本的问题。20世纪40年代后期到50年代，这个问题被芝加哥大学考尔斯研究所的学者们解决了。这个研究所占主导地位的是雅各布·马尔沙克（Jacob Marschak）、佳林·库普曼斯（Tjalling Koopmans）这些从欧洲纳粹主义魔掌下逃难而来的经济学家，不过利用赫尔曼·鲁宾（Herman Rubin）开发的推算方法推算出美国经济实际结构参数的是劳伦斯·克莱因（Lawrence Klein）。克莱因在1950年出版的《美国的一个经济计量模型》（*The Economic Fluctuations of the U.S. Economy*）宣布了一个新时代的到来。他最初的计量经济模型由6个方程组成，后来随着各个国家统计数据收集和整理工作的完善，以及计算机能力的增强，计量经济模型的规模也得到了飞跃性的扩大。

计量经济模型不仅在理论层面上，还在政策和应用层面具有重大意义。因为它让我们可以在财政支出、税率、货币供应等政策变量改变时，通过计算得知国民收入水平、就业、物价等宏观经济变量的变化，进而预测政策的效果。利用计量经济模型还可以分析消费倾向、资本边际效率等社会和心理因素的变化对经济周期产生怎样的影响，进而预测经济会发生怎样的变动。计量经济模型的开发可以说与凯恩斯理论一起奠定了战后经济学发展的基础。

然而，计量经济模型的经济理论基础本身也存在固有的约束条件和价值取向。尤其是美国凯恩斯主义者的计量经济模型，作为其前提的希克斯的 *IS-LM* 分析本身就存在将凯恩斯《通论》中本来富有动态的分析强行纳入均衡分析框架的局限性。他们在分析经济政策的效果时，通过前提假设把社会和文化方面的原因排除在分析框架之外。这些问题后来，尤其是 20 世纪 70 年代以后，才作为重要的理论缺陷浮现出来。

经济增长理论

凯恩斯理论和计量经济模型共同促成了一个新领域的发展——经济增长理论。罗伊·哈罗德的《动态经济学导论》（*Towards a Dynamic Economics*）奠定了经济增长理论的基础。哈罗德的思考方式还通过埃弗塞·大卫·多马（Evsey David Domar）的进一步诠释，发展成为哈罗德-多马模型，形成了动态经济学的基本框架。

在凯恩斯的理论中，企业部门的投资活动作为构成有效需求的重要组成部分，发挥着提高国民收入水平、就业量的作用。同时，投资活动也能增加资本积累、扩大国民经济整体生产能力。经济增长推动供给增加和收入上升带来的需求增加，两者之间能否长期维持平衡关系呢？这就是哈罗德提出的问题。

设想一种以充分就业为前提的经济增长，实际国民生产总值的增长率考虑了人口增长率和技术的经济增长率。这就是哈罗德理论中的自然增长率。与之相对，资本积累带来的每年商品和服务供给的增长率，等于平均储蓄除以资本系数得到的值，即哈罗德的保证增长率。资本系数表示的是生产一个单位实际国民生产总值需要多少资本的比率，通常处于 2~3 之间。如果要长期维持哈罗德提出的稳定均衡的经济增长，自然增长率和保证增长率两者必须相等。

但是，自然增长率和保证增长率由完全不同的因素决定，两者一致纯属偶然。自然增长率比保证增长率高时，商品和服务的总需求大于总供给就会成为常态，经济处于不稳定的通货膨胀状态。如果自然增长率比保证增长率高，总需求就会小于总供给，充分就业就难以维持，将会出现长期非自愿失业。哈罗德就向我们说明了，稳定均衡的经济增长是极其不稳定的，现实中的经济增长要么伴随着长期非自愿失业，要么处在无限制的通货膨胀中，物价稳定和充分就业不过是偶然的产物。借用哈罗德的话来说，资本主义市场经济制度下的经济增长极其不稳定，如同在刀尖上行走。

很多理论从不同视角对于哈罗德-多马模型展开了正面批判。20世纪50年代后期兴起的新古典经济增长理论，分别由詹姆士·托宾、罗伯特·默顿·索洛（Robert Merton Solow）、特雷佛·斯旺（Trevor Swan）以及荒宪治郎几乎同时独立构建起来。

哈罗德-多马模型没有考虑资本和劳动的替代关系，而是假定一个恒定的资本装备率（劳动者人均资本存量）来进行讨论。与之相对，新古典经济增长理论则考虑到资本和劳动可以相互替代。随着经济增长，资本与劳动发生替代，资本装备率发生变化，由此也保证了经济增长的稳定性。

新古典经济增长理论用简单明了的理论模型概括了经济周期机制，分析经济增长过程，从审美的观点看也是精妙的理论。但是，由于新古典经济增长理论使用了总量生产函数的概念，其结论只适用于仅有一种商品这种与现实不符的情况。这也是其主要缺陷之一。日本经济学家新开阳一注意到这个问题，他运用二元经济模型，探讨了在更普遍的情况下，哈罗德-多马理论是否比新古典经济增长理论更加合理。新开阳一的模型和哈罗德一样，假定技术条件固定，将商品分为资本品和消费品两个经济部门。相对于新开的模型，米德和宇泽又在资本和劳动可替代固定技术的条件下，开发出了新的二元经济模型。运用这个模型分析的结果是，经济增长并不一定能够保证稳定，而是受两个经济部门之间资本和劳动替代关系左右。

米德和宇泽的二元经济模型是将马克思的《资本论》第二卷里提到的资本积累过程分析移植到数理经济学的一种尝试。这个二元经济模型让我们可以一方面明确投资品和消费品相关的技术条件与收入分配、储蓄倾向等制度因素之间的复杂关系，一方面分析经济增长状态，进而有可能明确指出经济稳定增长所需条件。

二元经济增长模型进一步也可以在解决计划经济的资源动态最优配置问题上发挥作用。计划经济最基本的一个课题就是，确定从国民生产总值中提取多少用来进行资本积累。1928年，弗兰克·拉姆齐（Frank Ramsey）的论文《一个储蓄的数学理论》（"A Mathematical Theory of Saving"）就提出了最优储蓄量的问题。20世纪60年代的一项研究利用二元经济模型研究资源配置效率的静态标准，即依据怎样的标准将资本和劳动分配到投资品和消费品中，成功推导出最优资本积累的动态标准。②

一般均衡理论的数学分析

20世纪50年代到60年代，一般均衡理论引起经济学家的广泛兴趣，得到了细致的探讨。就像之前我们提到过的，早在20世纪30年代瓦尔托和冯·诺依曼就瓦尔拉斯一般均衡模型的均衡解

---

② 具体可以参照宇泽弘文的论文，H. Uzawa, "Optimal Growth in a Two-Sector Model of Capital Accumulation", *Review of Economic Studies*, 1964.

是否存在的问题进行过先驱性的研究。

其后，希克斯和阿莱等人从经济学的观点对一般均衡理论进行了整理和研究。瓦西里·列昂惕夫也开发出投入和产出的分析手法，在一般均衡理论的实证和统计分析上取得了辉煌的成就。20世纪50年代的一般均衡理论的精密化就是在这样的潮流中推进的。

1945年，阿罗和德布鲁共同发表在《计量经济学》上的论文《竞争均衡的存在》("On the Existence of Competitive Equilibrium")可以说是一般均衡研究的一个顶点。阿罗和德布鲁的论文明确了瓦尔拉斯一般均衡理论的各种基础条件，推导出了在最普遍的情况下保证竞争均衡存在的条件。他们不仅挖掘出一般均衡理论最深层的部分并用明确的形式将其理论化，还运用了高深的数学方法，这对后来的经济分析发展方向起到了决定性的影响，开辟了研究的新纪元。

以阿罗和德布鲁的论文为契机，经济学家们从竞争均衡的存在问题到均衡最优解和稳定性，都做了严密的分析。尤其是竞争均衡的稳定性问题，受到了很多经济学家的关注。竞争均衡的稳定性是指市场价格由于需求和供给失衡而调整时，即使从不均衡状态出发，也必然具有向均衡状态靠拢的倾向。

1941年，萨缪尔森的经典论文将市场价格的调节机制是否具有稳定性这一问题公式化。萨缪尔森以市场价格的调节机制具有绝对的稳定性为前提，试图通过这种稳定性倒推关于需求曲线和供给曲线的新知识。萨缪尔森的对应原理，和阿罗和德布鲁在论文中关于稳定性的分析是从不同的视角开展的研究。也就是说，阿罗和德布鲁提出的问题是市场机制的稳定性也许不是不言自明的，而是在各个经济主体都采取理性行动这一前提下演绎推导出来的。阿罗和赫维克兹（Leonid Hurwicz）对于这个问题展开了强有力的分析，他们提出必须要解决一个极其困难的数学问题，即在由微分方程式体系表现的动态过程中证明大局的稳定性。赫伯特·史卡夫（Herbert Scarf）通过巧妙的方法成功找到反例，使这一尝试没有产生预期的结果。

不过，阿罗、德布鲁、赫维克兹等人积极地用复杂的数学分析手法，尝试验证各种经济学命题。后来这种方法也被运用到经济理论的很多领域，塑造了今天经济学研究的基本性质。

然而，看上去华丽的研究，在其外壳下实际上隐含了很多的问题。的确，用高难度的数学分析手法和精致的理论引发出新的问题意识，为经济学研究开辟了新的研究领域，这是不容怀疑的。但他们在理论的严密性和数学的细致性上花费了太多努力，结果忽略了经济学思考的深度以及经济学与现实的关系。

越南战争和经济学

如前文所述，20世纪50年代到60年代，美国各个大学的经济学研究进入了一个黄金时代。然而60年代的美国社会却发生了巨大的震动，经济学研究状况也随之转变。以越南战争为开端，美国社会发生混乱，这也直接反映在了经济学领域里。

1962年，肯尼迪政府介入越南战争，之后约翰逊政府又使战争无止境地继续扩大。美军在越南的暴行放在整个20世纪来看都是极其残忍的。美军在越南战争中采取了接近种族灭绝的军事行为，使美国社会陷入了南北战争以来最严重的对立。尤其是激起了大学生在全国范围内的反战活动。在参与反战活动的学生中，经济学专业学生比例极高，而且越是有才能的学生，越是对越南战争抱有强烈的政治和伦理上的责任感。

这些经济学专业的学生摆脱了50年代的不关心政治的状态，他们对社会问题的意识刚刚觉醒。然而他们面对的老师却是在均衡分析框架里战战兢兢维护自己职业地位的经济学者们。这些经济学者非但没有从正面回答学生们的批判，还有人从体制的立场出发，试图压制学生们的斗争，甚至还有人积极地支持美国进行越南战争。无论如何，越南战争直接改变了后来的经济学发展。

但是有一位学者以冷峻的眼神观察这些事态，对此展开严厉批判，并提示了后来经济学发展的方向。她就是琼·罗宾逊。

第 8 章　琼·罗宾逊的经济学

20世纪60年代末到70年代，经济学迎来了一个巨大的转换期。二战后的大约30年间，世界资本主义取得了比较稳定的经济发展，可以说经历了长时间的经济繁荣。然而从60年代起，以美国为首的资本主义各国出现了巨大的变动，70年代，更是进入了剧变时期。经济学也结束了新古典经济学和凯恩斯主义经济学所主导的相对平稳的状况，迎来了一个激烈变化的时代。在这个转换期中，最有影响力的经济学家是琼·罗宾逊。琼·罗宾逊在凯恩斯主义经济学的发展中也曾起到了中心作用，她不仅仅对经济学的现状进行了严厉批判，也为新的经济学发展方向提供了富有洞察力的启发。

琼·罗宾逊的一生

琼·罗宾逊于1903年出生在英格兰。她的祖父莫里斯教授最初在伦敦大学讲授神学，却慢慢不再相信神的存在，最后终于公开自己的信仰，辞去了教授职位。父亲弗雷德里克·莫里斯（Frederick Maurice）将军是第一次世界大战中欧洲派遣军的参谋长，他当时因为批判政府关于派遣军士气的公开报道，被当时的首相大卫·劳合·乔治（David Lloyd George）罢免，是鼎鼎有名的莫里斯事件的当事人。琼·罗宾逊一直为自己的家族感到自豪，常常宣称自己身上流着反叛（rebellion）的血液。

琼·罗宾逊于1921年进入剑桥大学格顿学院学习经济学。1925年，她以毕业考试优等成绩顺利毕业。第二年，她和同在剑桥学习的奥斯汀·罗宾逊（Austin Robinson）结婚，在印度生活了两年，于1929年回到剑桥，真正开始经济学的研究。在那里，琼·罗宾逊见到了为躲避法西斯从意大利逃难而来的皮埃罗·斯拉法（Piero Sraffa），受到了他很大的影响。受斯拉法启发，琼·罗宾逊于1933年完成了《不完全竞争经济学》(Economics of Imperfect Competition)，这本书和爱德华·哈斯丁·张伯伦（Edward Hastings Chamberlin）同年出版的《垄断竞争理论》(The Theory of Monopolistic Competition)一起为现代价格理论的研究揭开了新的篇章，对之后的经济理论发展产生了巨大影响。她明确分析了现代市场经济制度的前提条件，在清楚地意识到自己分析手法的局限性的情况下，严谨地分析了不完全竞争市场中的企业行为。

不完全竞争理论最终得出的结论是，通过市场机制进行的资源配置不是最优的，或者说不是最有效率的。这是琼·罗宾逊最初关注的问题点，之后她慢慢开始怀疑马歇尔和庇古的理论框架，并试图超越自己的《不完全竞争经济学》，摸索新的理论。恰好在1931年，以理查德·卡恩为中心的凯恩斯学术圈成立，这是一个通过探讨1930年出版的《货币论》(*A Treatise on Money*)，试图提出新理论的研究团体。琼·罗宾逊和丈夫奥斯汀·罗宾逊成为这个凯恩斯学术圈的主导成员，他们对凯恩斯《通论》的诞生也有很大的影响。

凯恩斯《货币论》认为在正常利润下，储蓄和投资相等的充分就业总能成立，并且这一前提条件符合现实。1929年英国财政部的政策也只有在凯恩斯提出的这个前提下才是合理的。也就是说，财政支出的增加必须伴随着同等额度的储蓄减少，投资也会按照同样数量减少。要想保证国民收入水平、就业水平不发生变化，也必须考虑这一前提。

20世纪20年代，英国经济陷入了慢性停滞状况。随着1929年秋天纽约股市暴跌，英国也卷入了大萧条，事态愈发严重，资本主义陷入全面的危机中。凯恩斯学术圈就是在这种危急状况下创立的。他们以卡恩为中心孜孜不倦地持续研究，否定了资本主义经济中市场的自发稳定性和自动达成充分就业这一新古典经济理论的基本命题，尝试建构能够顺应现代资本主义制度实际情况的宏观经济学理论。卡恩的一篇具有历史意义的论文

《国内投资与失业的关系》("The Relation of Home Investment to Unemployment")奠定了研究的基础。卡恩在这篇论文中导入了就业乘数的概念，指出随着财政支出的增加，有效需求提高，就业也会增加。卡恩的想法其实就是凯恩斯《通论》的重要支柱之一——有效需求理论的萌芽。他否定了新古典经济理论的基本前提，向着新的宏观经济学迈出了第一步。以卡恩、琼·罗宾逊为中心的凯恩斯学术圈就这样不断对新古典经济理论的基本前提进行批判，进而全面否定了新古典经济理论在理论上的完备性和现实上的合理性。凯恩斯的《通论》就是凯恩斯学术圈研究成果的结晶，它开启了被称为"凯恩斯革命"的新经济学思想，为经济学开辟了新天地。琼·罗宾逊不但在"凯恩斯革命"的形成过程中起到了主导作用，还作为最卓越的启蒙家在其后新经济学的进一步发展中发挥了中心作用。

对于广为流传的解释《通论》的希克斯 *IS-LM* 分析，琼·罗宾逊从一开始就持批判态度。因为希克斯的分析过于受制于静态均衡分析框架，大大偏离了采用动态不均衡分析的凯恩斯学术圈的想法。其实琼·罗宾逊的批判就是对凯恩斯《通论》本身的批判。因为《通论》并没有非常清晰准确地表现出凯恩斯学术圈建构的分析框架，这才是更根本的问题。然而，在当时，还没有人弄清这种区别。

我在前面的章节也说过，萨缪尔森为首的美国凯恩斯主义者

依据希克斯的 *IS-LM* 分析，努力发展凯恩斯主义经济学。罗宾逊批判美国的凯恩斯主义者是"伪凯恩斯主义者"。

虽然对美国凯恩斯主义者提出了严厉的批判，但琼·罗宾逊对马克思主义经济学者对于凯恩斯主义经济学的解释有很强的共鸣。尤其是对波兰经济学者米哈尔·卡莱斯基（Michael Kalecki）的理论，她给予了非常高的评价。罗宾逊反复强调，凯恩斯写作《通论》时，曾为摆脱马歇尔的影响而苦恼，而卡莱斯基从马克思的二元分析出发，能够正确无误地把握问题本质，展开比凯恩斯更加正确的分析。

就在哈罗德尝试将凯恩斯理论动态化的同时，罗宾逊也同样在着手研究这个问题。她尤其关心的是资本的度量，以及与之相关的利润率等概念。新古典经济理论并没有深入思考资本的度量问题，而是采用机器的数量、马力数这些实物资本量的概念来计算利润率。与之相对，琼·罗宾逊指出新古典经济理论中利润率概念本身就是矛盾的，因为资本的度量取决于利润率。琼·罗宾逊提出的这个问题实际上已经触及新古典经济理论最基础的部分，是关系其理论完备性的基础问题。而这个问题又被正式表述为利率和技术选择之间是否存在一一对应的关系，即所谓"转型问题"（reswitching）。最后引发了英国剑桥的琼·罗宾逊、卢伊季·帕西内蒂（Luigi Pasinetti）等人和美国剑桥的萨缪尔森、索洛等人之间的一大争论，即"两个剑桥之争"。争论的结局是，通过卢伊季·斯巴文塔（Luigi Spaventa）等人举出的反例，证明了琼·罗宾逊的主张是正确的。

另外，琼·罗宾逊还尝试从新的视角探讨哈罗德的均衡经济增长概念。哈罗德的均衡经济增长概念，指的是资本和劳动在长时期内保持一定比率增加的状态。然而这种均衡的经济增长概念，和维克塞尔提出的实际工资与最优生产时间长短之间的关系——又叫作李嘉图效应——是矛盾的。琼·罗宾逊试图通过阐明哈罗德的中立型技术进步这个概念的含义来解决矛盾。她的尝试在后来经济增长理论发展中发挥了基础性的作用。

《资本积累论》

琼·罗宾逊在经济学领域做出了很多贡献，而1956年的《资本积累论》（*The Accumulation of Capital*）是她集大成的研究成果。这本书可以说是她倾注了最大的学术热情写成的。琼·罗宾逊在写作时以罗莎·卢森堡（Rosa Luxemburg）为对照，她想要写出一本超越卢森堡的同名作品，希望奠定一个能对资本主义经济的积累过程进行长期分析的新基础。

她在《资本积累论》中从最简单的情况开始，一步一步叠加各种复杂因素，建立了一个周密的分析资本积累的理论框架。

首先，她展示了只存在一种技术的简单情况下，资本积累在长期过程中的基本性质。此时，技术系数固定，资本与劳动的比率和工资、利润率无关。接着，她论述了技术选择取决于工资水平的情况。最后，她还探讨了技术进步的速度受到工资水平影响的情况。在这本书里，琼·罗宾逊还提到了不确定性（uncertainty）、预期（expectation）和金融制度的影响等多种问题。除此之外，罗宾逊还对一些涉及资本主义本质的问题进行了独到的分析，比如各种制度条件和法律规制在资本积累过程中发挥怎样的作用。

《资本积累论》非常晦涩难懂，因此常常被很多经济学者忽略，或者被全盘批判。的确，和琼·罗宾逊的其他著作比起来，这本书称不上简明易懂，也没有说明理论如何与现实关联起来。然而琼·罗宾逊在这本书里阐述的理论，是为了建立一种明确资本主义制度条件的理论模型，用以分析资本积累的长期过程，并解释工资与利润分配的长期趋势，可以说是回归了古典经济学的主要问题。她的分析手法超越了新古典经济理论的经济增长理论，也是使凯恩斯理论普遍化的一种尝试。这本书无疑会对今后的经济学发展产生很大的影响。

"新重商主义"

琼·罗宾逊在 1965 年成为剑桥大学经济系教授。她在教授任职仪式上，发表了题为"新重商主义"（The New Mercantilism）的演讲。第二次世界大战以后，很多过去的殖民地宣布独立。这些新的独立国家都试图通过引进现代技术实现工业化来发展经济。然而，这些国家都没有得到政策所期待的结果，甚至一部分国家陷入了比独立前更严重的经济贫困。琼·罗宾逊认为，自由贸易以及自由放任主义正是阻碍落后国家经济发展的罪魁祸首。

琼·罗宾逊还进一步主张，自由贸易不过是重商主义的一种变形，只有从中获益的人才对此深信不疑。如果发达国家真诚希望发展中国家受益，就应该对本国资本家给予补偿性报酬，也为本国劳动者提供其他就业机会，以此创造从发展中国家增加进口的条件。这可以说是她在就任演讲上最强力的论点。

《经济学的异端》

琼·罗宾逊在学术生涯的后期，对正统新古典经济理论产生了越来越多的疑问，也开始越来越严厉地批判新古典经济理论的逻辑矛盾和反社会的属性。她对新古典经济理论的批判首先在《经济学的异端》中展开。在这本书里琼·罗宾逊发表了如下主张：凯恩斯革命以前的正统经济学是由均衡的神话所支撑的，第二次世界大战后的经济学则是由增长的神话所支撑的。这个新的神话也和旧的神话一样，建立在充满逻辑谬误的经济理论之上。

在新神话里，经济学家忘记了"凯恩斯革命"的核心，即人类的生活是在时间中进行的。他们将时间因素从经济理论中剔除，实际上是在复活凯恩斯以前的理论。这些可以被称作新新古典经济学的思考方式，其基本前提假设就是资本在任何时候都可以自由改变形态。"两个剑桥之争"正是围绕着这个假设展开的。琼·罗宾逊毫不留情地批判新古典经济学的经济增长理论是建立在把过去和将来看作同样的、毫无差异的空想的假设之上；进而又将问题追溯到瓦尔拉斯、马歇尔的时代，具体探讨了新古典经济学理论的前提条件。最后她还论及凯恩斯理论的局限，试图摸索新的可替代的经济学框架。

在另一个演讲中，罗宾逊简明地表达了《经济学的异端》中的思想，那就是1971年12月在美国经济学会的年度大会上，罗宾逊以"经济理论的第二次危机"（The Second Crisis of Economic Theory）为题所做的主题演讲。

经济理论的第二次危机

琼·罗宾逊在20世纪60年代曾多次访问美国，尤其是在1961年，她在美国停留了数月，访问各个大学，因此有机会与众多经济学家进行讨论。然而大部分的讨论都是基于完全不同的前提条件，没有得到让人满意的成果。通过这次访美，琼·罗宾逊对美国各大学的经济学研究和教育的批判态度越来越强烈,她有时甚至变得非常感情用事。她的这种感情,在为巴吉恰·明哈斯(Bagicha Minhas)的《要素成本和要素使用的国际比较分析》(*An International Comparison of Factor Costs and Factor Use*,1963)写书评的时候以最极端的方式表达了出来。琼·罗宾逊向来十分欣赏巴吉恰·明哈斯的人品,也对其对待学问的真挚态度深表钦佩,但在这篇述评里,罗宾逊却对这本书展开了极其严厉的批判。同时她对美国大学的经济学教育也做出了非常尖刻的评论,她说道:"美国的大学怎么能做出如此残酷的事。就好比将一位前途有望的年轻人从贫穷的印度带到美国,却让他从纽约的摩天大楼上跳下去。"

美国的大学没有对她盛情款待,普通的美国人甚至还把她当作一个较为怪异的英国女性。后来她访问日本的时候也刻意避开了美国,从加拿大绕道而行。

然而,当罗宾逊在1971年受美国经济学会会长约翰·加尔布雷思的邀请访问新奥尔良时,情况截然不同了。十年里,以越南战争为导火索,美国社会发生了巨大的变动和混乱,在经济学领域里,不要说新古典经济理论,就连凯恩斯主义经济学也几乎失去了影响力。琼·罗宾逊以"经济理论的第二次危机"为题的讲演结束后,全场听众起立为她鼓掌。

琼·罗宾逊做"经济理论的第二次危机"演讲时,她正在经历自己人生中的第二次危机。她出生于1903年，她遇到的第二次危机也正好成为20世纪经济学的第二次危机。第一次危机发生在20世纪30年代。20世纪20年代末，世界资本主义经济出现大规模的停滞。以大萧条为开端，占支配地位的新古典经济理论不管是在理论的整合性上，还是在现实的合理性上，都失去了人们的信赖。而当时还没有形成可以代替新古典经济理论的新经济学研究范式，用托马斯·库恩（Thomas Kuhn）的话来说，这是经济学的危机。毫无疑问，解决了第一次危机的是凯恩斯的《通论》。

琼·罗宾逊把20世纪60年代到70年代的这场混乱称作第二次危机。距离第一次危机已经过了40年，世界资本主义再次迎来了混乱、不均衡、不稳定的时代。世界主要的资本主义国家，尤其是美国，通货膨胀、失业、国际收支失衡呈螺旋式上升，凯恩斯主义的财政政策和货币政策完全失效。城市和农村的差距扩大，城市中的社会和经济的不安定因素浮出水面，人们实际生活水平并没有随着表面的经济发展而提高，污染和环境问题愈演愈烈，许多问题同时爆发了。尤其是在60年代末，严重的通货膨胀无情地击碎了人们对公平分配的幻想，每个人都为了自身或所属集团的利益最大化而最大限度地维护既得利益。分配的出发点不再是社会公正，而是靠强权和交涉能力通过政治手段强行推行。通货膨胀和大量非自愿失业同时发生，酿成了事关自由主义私有企业制度生死存亡的危机。在这种情况下，首先必须要考虑的不是效率和经济增长，而是公正分配和消除贫困。因此，此时最需要的不是凯恩斯所追求的增加就业，而是重新审视出于什么目的增加就业。

然而，当时盛行的经济学理论，要么刻意回避这些迫在眉睫的现实问题，只追求和现实无关的抽象的形式逻辑，要么只顾着为特定产业和政策辩护。因此经济理论的第二次危机从本质上讲就是一种思想的危机，是经济学家的危机。

琼·罗宾逊为解决经济理论的第二次危机指出了什么样的道路呢？她在1973年和约翰·伊特韦尔（John Eatwell）合著的《现代经济学导论》（*An Introduction to Modern Economics*）里启蒙性地论述了自己的思考。在这本书里，她首先回顾了经济学发展的漫长历史，从中找出分析现实经济的有用方法。然后她依次阐述应该提出什么样的问题以及如何进行分析。她总是有意地提醒一个事实，即人类活动总是在时间的历史长河里进行的。"现在"是位于无可改变的"过去"与未知的"将来"之间的片段，是无时无刻不在运动的。人类所有的行为都发生在"现在"这个历史瞬间。她站在这个立场上，讲述了她的动态不均衡理论的新构想。这本《现代经济学导论》可以说是一部未完成的作品。琼·罗宾逊没有讲清楚具体要以怎样的形式建立新的经济学研究范式。然而当经济学家面对经济理论的第二次危机，思考应该用怎样的框架来考察现实问题、摸索新的经济学思想时，琼·罗宾逊的《现代经济学导论》都是取之不尽的睿智甘泉，也是为我们指点迷津的灯火。

1983 年 8 月 5 日，在迎来 80 岁生日之前，琼·罗宾逊去世了。10 月 29 日，她生前曾密切来往的伦敦国王学院、纽纳姆学院、格顿学院共同在国王学院的礼拜堂举办了她的追悼仪式。同年 9 月 3 日皮埃罗·斯拉法也去世了，当时剑桥大学刚好举办了凯恩斯诞辰一百周年的纪念仪式。这给我们带来了强烈的印象，仿佛意味着一个时代结束了，而经济学的历史也翻过了一个伟大的篇章。

参加追悼仪式的人们不但会记住琼·罗宾逊为经济学留下的伟大业绩，也一定会将她终其一生对弱者和被欺凌者倾注热情、对骄傲的人和卑劣的事愤而反抗的形象铭刻在心。她作为一个崇高而诚实地度过一生的人，推开了我们的心灵之窗。与她相熟、受她教诲的人们，也一定会永远铭记她。当我们推进经济学思考的时候，她总是会不断给予我们强大的助力。

第 9 章 反凯恩斯主义经济学的盛行

自 20 世纪 60 年代至 70 年代，资本主义经历了一次危机。第二次世界大战后的 25 年间蓄积的不合理因素最终以美国深陷越南战争的泥沼为契机爆发出来，引发了巨大的变动。经济周期的不稳定以及社会混乱在 20 世纪 70 年代不但没有平复的迹象，反而受时任美国总统尼克松强行推进的新经济政策、苏联粮食的创纪录歉收以及第一次石油危机等诸多始料未及的因素影响，开始显示出更加不稳定的迹象。经济上的巨大变动也对经济思想产生了巨大的影响。凯恩斯主义经济学已经失去其有效性，计量经济模型也不能提供现实性和政策性的指引。

在上述背景下，琼·罗宾逊在 1971 年进行了题为"经济理论的第二次危机"的演讲，为经济学家敲响了警钟，引发广泛共鸣。关于这一点我们在上一章中进行了详细介绍。在罗宾逊的"经济理论的第二次危机"演讲后，经济学究竟朝什么方向发展了呢？很遗憾，纵观 20 世纪 70 年代的经济学发展，我们可以发现实际上经济学走上了与罗宾逊的意愿完全相反的道路。这样的结果也出乎大多数人的意料，只能说是一种历史的扭曲。

20世纪70年代的经济学发展简言之可以归纳为"反凯恩斯主义经济学"。当时流行的经济学思想几乎都是以凯恩斯理论诞生之前的新古典经济学思想或是其分支为理论基础，而且这些经济学思想之所以产生，究其原因很明显都是为了反对凯恩斯主义。反凯恩斯主义经济学虽然包括理性主义经济学、货币主义经济学、理性预期假说、供给学派等多种形式，但是这些经济理论具有共同的特征，即理论性前提条件的非现实性、政策的偏颇性和结论的反社会性。可以说这些理论都带有对市场机制的宗教式崇拜。我不愿意为这些反凯恩斯主义经济学思想耗费纸张，但是它们毕竟也产生了比较大的社会以及政治影响，我还是要简要介绍一下这些反凯恩斯主义经济学的主要内容。

理性预期假说

最能反映20世纪70年代经济学主流思想的就是理性预期假说。理性预期假说原本是在约翰·F. 穆思（John F. Muth）在1961年分析农产品市场的价格变动机制时最先引入的概念。这个思想之所以能够在70年代流行主要在于1972年经济学家小罗伯特·卢卡斯（Robert Lucas, Jr）发表了题为《预期与货币中性》（"Expectations and the Neutrality of Money"）的论文。卢卡斯的论文将宏观经济理论框架下的理性预期形成假说以极为缜密的方式完成了公式化。这篇论文也成为了理性预期假说信奉者的"圣书"。此外,卢卡斯的论文鲜明地体现了反凯恩斯主义经济学方法论的特征。虽然可能会用到很多专业术语,但我认为有必要对其内容进行详细的解说。

卢卡斯模型从关于两个小岛的寓言开始。在由两个小岛组成的经济体系中,每隔一段时间就会有一定数量的人出生,这些新增人口会被分配到某个岛上。分配到某个岛上的概率是长期固定不变的,岛上的所有居民都准确地知道上述事实。卢卡斯同时假设岛上居民的寿命分为两个期间,人们在第一期出生、工作,将收入的一部分用于消费并将剩余部分以货币形式储蓄起来。进入第二期的人会使用储蓄的货币交换处于第一期的人生产的商品,他们需要这些商品维持生存,直至第二期末期生命终结。人们有着相同的技术和偏好,会选择相同的行为方式。经济体中有且仅有一种商品。两个小岛之间虽然完全没有交流,但是有着共同的货币管理机构。货币管理机构会对第二期期初两个小岛上的货币总量乘上一个固定的比率向岛上的每个居民分发货币。货币供给的增长率是一个固定不变的比率,且岛上的所有居民都准确地知道这个增长率。

由上述假设可知,产品的价格实际上就是第二期老人的货币持有量和第一期年轻人的货币需求量相等时的水平。在这个等式成立时，市场处于完全竞争的状态，且每个人通过自身拥有的信息可以准确地计算未来市场价格的概率分布。由于岛上居民能够准确地了解各个期间岛上人口的增长率以及货币供给量的增长率，且本期的市场价格水平取决于期初的货币供给量以及人口数量和货币供给的增长率的实际水平，因此可以计算本期市场价格的准确概率分布。此外，如果能够明确将来的市场价格的概率分布，那么也可以很容易确定现在时点的市场价格。这也就证明了决定现在市场价格的函数关系已经确定好。确定的市场价格和最初的货币供给量呈比例关系，其比例系数的决定因素是货币供给的增长率和人口数。因此，比例系数是货币因素和实物因素共同决定的。同时，我们几乎不可能通过最终形成的实际市场价格和货币供给的关系，确定货币因素和实物因素各自发挥了多大作用。但是，利用卢卡斯模型，当理性预期假说成立时，货币数量理论能够得到严密的证明。

通常，理性预期假说的定义如下：假设人们在进行某种经济行为时，能够正确认识该行为对未来市场价格的客观概率分布产生影响。此外，要获得对所有人来说都最有利的结果的方法，受未来市场价格的概率分布影响，人们可以正确认识这种影响的方式。在这样的情况下，理性预期假说成立是指，人们形成对未来市场价格的概率分布的预期，并据此做出对自身最为有利的行动。此时，实际形成的市场价格的客观概率分布和最初预想的概率分布完全一致。用更简洁的语言表达就是：在对未来市场价格的客观概率分布有正确认识的前提下，在现在这个时间点就能够形成未来市场价格的预期，并且与未来市场价格的客观概率平均值一致。在这一假设下，卢卡斯论文中论述了市场机制的资源配置方式从现在到将来所有时间点上都是有效率的。这样看来，基于这样的假设证明货币数量说成立，从某种意义上来说，其成立本来就是理所当然的。

理性预期假说成立的条件是什么呢？首先是每个人都能准确认识未来市场价格的客观概率分布。当然，从现在到将来，市场一直保持均衡状态也是必要的前提。第二，必须假设每个人都能准确认识均衡价格形成的各个结构性因素。要正确地判断均衡价格，就必须知道各个时点的需求曲线和供给曲线的形状以及它们怎样移动。此外，人们还掌握了关于这些曲线的概率分布的相关知识。基于这些知识，经过庞大的计算，每个人都能够得到将来各个时点的市场价格概率分布的结果，并依据所求的结果采取相应的行动以使理性预期假说成立。卢卡斯不仅假设人们可以进行这样庞大的计算，还默认计算过程不会消耗任何成本，甚至没有时间成本。但是实际上，如果某个经济主体拥有这些知识并且能够瞬间完成大量计算，那么市场制度本身就没有成立和发挥功能的必然性了。原因就在于，市场制度实际上是在每个成员不知道最终市场价格的情况下，通过试错交易发现价格才得以成立的。

理性预期假说对我们还有更为重要的启示。在每个人都能正确认识需求曲线和供给曲线的前提下，市场制度的分权性也就被否定了。能够准确认识需求曲线的具体形状，也就意味着对组成经济体的所有消费者的偏好及其具体消费行为都有准确的认识。此外，能够准确地认识供给曲线也意味着要对所有生产者在何种技术条件下以何种动机进行生产活动有准确的认识。即使不考虑这些前提条件的现实可能性，也意味着它们在制度的层面上完全否定了市场制度的分权性。结果就是每个人都侵犯他人的个人隐私，把窥探他人的偏好、技术、动机等作为开展经济活动的必要前提。分权作为市场制度的前提条件，其重要性甚至不用追溯至亚当·斯密，在诸如弗里德里希·哈耶克等现代的分权忠实推崇者那里也可见一斑。因此，理性预期假说实际上可以说是从否定市场制度的前提条件出发，来证明市场制度的效率性或者最优性。这真是一个神奇的理论。

如果承认了理性预期假说的前提条件，那么诸如货币的中性、充分就业以及自然失业率、市场的动态有效性等古典经济学的中心命题都将得到严密的证明。从这个角度来看，在20世纪70年代凯恩斯主义经济学盛行之时，理性预期假说之所以能占据重要地位，和卢卡斯的论文初看起来在理论形式上的严密性有很大关系。但是实际上，卢卡斯的论文即使在理论形式看也存在着重大的谬误。进入20世纪80年代后，让·米歇尔·格朗蒙（Jean

Michel Grandmont)等很多经济学家指出了这一谬误。然而遗憾的是,以此为契机展开的对理性预期假说乃至对反凯恩斯主义经济学思潮的反思,已经是在20世纪70年代的反凯恩斯主义经济学退潮之后了。

实证经济学

正如卢卡斯模型所表现的那样,理性预期假说假定的经济行为的主体是接近全知全能的经济人。这种假设毫无现实可能性,同时也和市场制度的制度性条件自相矛盾。在这种前提假设下推导出来的理论性或政策性的建议,怎么可能具有现实合理性呢?这样的经济学思想在一定程度上可以说带有反经济学或非经济学特征。然而,米尔顿·弗里德曼(Milton Friedman)在《实证经济学》(*Essays in Positive Economics*,1953)一书中积极推崇卢卡斯的模型,对20世纪70年代的反凯恩斯主义经济学产生了巨大的影响。弗里德曼在这本书中表达了以下的观点:评价某个经济理论,不能够也不应该考虑其前提条件的合理性,而是应该把从前提条件推导出来的理论性或者政策性命题能否恰当地说明现实情况以及能否提出令人满意的政策建议作为检验理论的唯一依据。弗里德曼在《实证经济学》一书中主张,虽然卢卡斯在论文中假设了一个与现实完全无关的世界,但通过逻辑推理,得出了充分就业、货币中性等令人满意的结论，其作为经济理论就是令人满意的，政策性建议就是合适且合理的。弗里德曼的这个主张和凯恩斯《通论》开篇提到的想法形成了鲜明的对比。凯恩斯认为，经济理论是否具有合理性，主要判断依据是理论前提是否准确地反映了作为研究对象的现实经济的制度性、社会性及技术性条件，和由此推导出的理论和政策结论是否令人满意完全没有关系。20世纪70年代反凯恩斯主义经济学否定了凯恩斯这一理所当然的主张，反而站在弗里德曼的《实证经济学》的立场上进行研究。所谓理性主义经济学则更加鲜明地转向这种研究立场。

理性主义经济学

理性主义经济学是将弗里德曼《实证经济学》思想进一步推向极端的理论。这一理论的出发点经济学家西奥多·舒尔茨在农业经济学方面的贡献。在芝加哥大学曾受到舒尔茨指导的经济学家们，特别是加里·贝克尔（Gary Becker）尤其推动了理性主义经济学的发展。舒尔茨虽然是农业经济学家，却从宏观经济学视角考察农业中存在的各种问题，尤其是在农业投资及其效果的研究方面，舒尔茨留下了诸多优秀成果，同时还培养出很多经济学人才。可以说他是在第二次世界大战后，对美国的经济学发展做出了巨大贡献的人。此外，他也是艾奥瓦州立大学著名的"人造奶油论文事件"的当事人。舒尔茨的继承者中出现理性主义经济学的推崇者，这不得不说是一种历史性的讽刺。

舒尔茨关注农业方面的教育投资对美国农业发展的重要意义。他同时强调教育投资通常对于一国经济的增长也起着决定性的作用。这种思想被称为舒尔茨效应。舒尔茨的这一思想由茨维·格里利切斯（Zvi Griliches）和戴尔·乔根森（Dale Jorgenson）等人发扬光大，最终发展成为对资本主义经济增长的体系化研究，构筑了经济增长实证研究的金字塔。然而，以加里·贝克尔为中心的经济学家们却开始了称为教育经济学的怪异研究。

教育经济学的思想可以归纳如下。假设接受高等教育的人会将接受高等教育获得的好处和所需花费的成本进行比较，最终合理地决定是否接受高等教育。在这种情况下，接受高等教育的好处可以用一生中收入的增加量来衡量，而花费的成本则是指由于接受高等教育而放弃的收入，即所谓的"机会成本"。接受高等教育得到的好处以及为此花费的成本都需要进行贴现处理。收益和成本的现值相等时的贴现率称为教育投资的收益率。当教育投资的收益率高于市场利率时，人们会积极选择接受教育，相反，当教育投资的收益率低于市场利率时，人们则不会接受教育。换句话说，教育经济学的中心思想就是，每个人依据理性经济人的行为方式选择是否进入大学深造。

理性主义经济学使用上述理性经济人的概念，试图解释所有的人类活动。将这种思想推崇到极致的就是贝克尔。以贝克尔为核心的经济学家们从教育的经济学开始，试图从理性经济人的角度分析人种歧视的经济学、犯罪的经济学、结婚的经济学，甚至还包括自杀的经济学。

其中，犯罪的经济学是指想要杀人的人会比较杀人所获得快感和被逮捕获刑的概率以及相应的痛苦，理性地决定自己是否真的去杀人。结婚的经济学也是同样认为，考虑结婚的人会计算结婚带来的以金钱衡量的好处，同时也会计算结婚付出的机会成本，通过比较结婚的收益和成本，理性地决定是否结婚。

1978年，在《政治经济学期刊》中，雷·C. 菲尔（Ray C. Fair）发表了一篇名为《婚外情经济学》（"A Theory of Extramarital Affairs"）的论文。在这篇文章中，菲尔援引贝克尔时间分配（allocation of time）的理性主义经济理论，分析一个人在一天24小时中和妻子在一起多长时间以及和情人在一起多长时间能够使效用最大化。然后他还用瑞典的数据进行了实证分析。托斯丹·凡勃伦作为编辑参与创立的这本中规中矩的《政治经济学期刊》竟然能够堂而皇之地刊登这么一篇论文，真是20世纪70年代经济学发展状况的标志性事件。

供给学派

在整个20世纪70年代，供给学派利用理性主义经济学的思想分析宏观经济问题，产生了不可忽视的政治和社会影响。供给学派可以分为短期和长期两种视角,两者在理论和问题意识上有微妙的区别,但都是基于理性主义经济学的观点来研究经济制度和政策结论。两者都将关注重点放在经济的供给能力上,基于供给能力的大小或增长率来分析就业、经济增长速度、国际贸易动向等。

拉弗曲线

最能代表短期供给学派思想的是拉弗曲线。阿瑟·拉弗(Arthur Laffer)认为,在降低所得税平均税率时,政府的税收总额反而可能会增加。为了说明这一观点,他使用拉弗曲线来论证。拉弗曲线描述政府税收总额与平均税率的关系。如图8中所示,

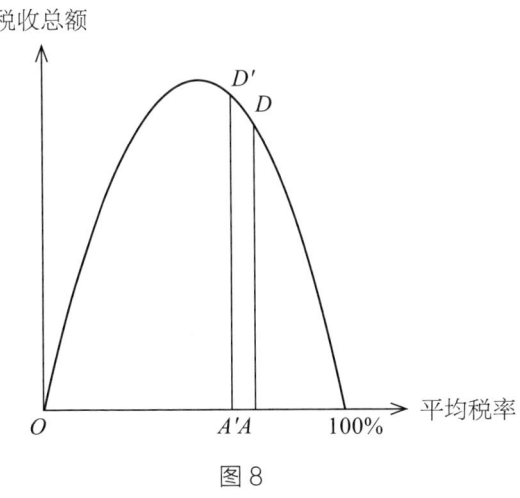

图8

横轴代表平均税率，纵轴代表政府的税收总额。当平均税率为零时，政府的税收总额也自然为零。当税率为百分之百时，人们则会失去工作的意愿，没有收入，税收总额也是零。因此，拉弗曲线就会呈现出图 8 中曲线的形状。

拉弗认为，美国经济的平均税率非常高，处在图 8 中的点 A 处。在这种情况下，降低平均税率，反而能增加政府的税收总额。

从更为严密的角度来看，拉弗的观点是从关于劳动供给的新古典经济理论推导出来的。正如第 4 章详细解说过的一样，新古典经济理论认为，劳动供给量由劳动的边际产量和实际工资相等时确定。因此，劳动供给可以说是由税后工资比例确定的，一般情况下劳动供给都随着税后工资比例提高而提高。降低平均税率也就意味着提高税后工资比例，从而刺激劳动供给量增加。此外，拉弗还认为，降低平均税率引发的劳动供给增加效应十分明显，这样也就得出了政府税收总额会增加的结论。

拉弗曲线有一个前提假设，就是每个劳动者能够理性地确定一天工作几个小时，进而决定了实际的就业水平。这也是把关注重点放在供给侧的思想方式。正如凯恩斯主张的那样，实际上是企业决定是否雇用劳动者，而且就业量也由有效需求确定。也就是说，拉弗曲线完全忽视了需求侧的制约条件。

由于拉弗曲线的前提条件荒唐无稽，理论推导粗劣不堪，它最初并没有在经济学家之间引发争论，甚至没有引起他们的注意。

但是，在20世纪70年代美国的政治环境中，拉弗曲线被奉为指导性原理，备受瞩目。旨在三年内将所得税降低30%的《经济复苏和税收法案》就把拉弗曲线作为其理论依据之一，这也是该法案能够出台的原因。此外，在1980年的总统选举过程中，罗纳德·里根的竞选纲领据说也是依据拉弗曲线制定的。里根在他的竞选纲领中提出了以下三点：第一，大幅增加军费开支；第二，三年以内降低所得税税率30%；第三，消除政府预算赤字问题。这三个公约虽然明显缺乏内在联系，但是拉弗曲线却让这个竞选纲领至少在表面上来看是具有整合性的。里根政府基本上实现了大幅增加军费开支和三年以内降低所得税税率30%这两个纲领，但也导致美国政府出现了有史以来最大规模的预算赤字。众所周知，美国至今也没有摆脱财政赤字，并且影响范围已经远远超出美国国内，成为阻碍世界经济稳定发展的重要原因。

拉弗曲线的另一个问题是，降低平均税率给高收入群体带来了更大力度的减税。里根政府内部实际上也围绕拉弗曲线出现了意见对立。甚至时任里根政府预算局长戴维·斯特克曼（David Stockman）也认为减税的理论基础不是供给学派，而应该是所谓"涓滴理论"。斯特克曼的主张看透了减税法案的政治意图。里根的减税法案实际上只是打着降低平均税率的幌子，他将高收入人群的所得税税率从70%降到50%的政策。里根的意图是先对富裕阶层施以税收恩惠，这种恩惠就像从高处滴下的水滴，最终会让低收入人群也受益。斯特克曼解释道,涓滴理论在政治上不受欢迎,所以才称为供给学派。

费尔德斯坦的主张

供给学派从长期角度展开研究的要数经济学家马丁·费尔德斯坦(Martin Feldstein)了。费尔德斯坦论述了社会保障金制度和储蓄之间的关系,并在研究中着重强调了供给学派的长期视角。费尔德斯坦针对20世纪60年代至70年代美国经济恶化并在众多领域失去国际竞争力的原因进行了研究。其研究成果表明,在过去30年间,美国产业的投资相对较少,直接导致美国产业供给能力积累不足。费尔德斯坦的最终结论是,民间投资不足的原因在于从整体来看美国经济中的储蓄不足,而储蓄不足的最大原因则在于现行养老金制度。费尔德斯坦运用费雪提出的时间偏好理论框架进行分析,他认为,人们总是对自己现在(工作期间)的消费和将来(退休后)的消费进行理性选择。现在的收入和现在的消费之差就是储蓄,储蓄的多少也是理性选择的结果。由于公共养老金制度的存在,用强制手段要求劳动者储蓄,导致储蓄被公共部门吸收,因而对民间储蓄产生了很强的抑制作用。1924年至1971年的统计数据显示,社会保障制度几乎让民间储蓄减半。但是实际上,有人指出费尔德斯坦的计算中有巨大的错误,他的结论错了。费尔德斯坦之后又延长了统计数据的时间范围,并宣称得出了印证自己最初主张的结果。我们暂且不论费尔德斯坦的主张正确与否,如果仅仅增加几个时间段的数据就能得出和之前完全相反的结论,这也说明,其使用的统计数据或者统计方法显然具有主观性,同时,也可以看出他的研究在理论根基上是脱离现实的。

货币主义经济学

在讲述 20 世纪 70 年代的反凯恩斯主义经济学时,就不得不提及货币主义。首先需要提醒大家注意的是,货币主义和理性预期假说、供给学派不同,它并没有提出明确的理论框架。与其说它是一种经济学理论,不如说是一种政治哲学思想。货币主义经济学继承了古典经济学的基本思想。只有把它放在与货币数量说相同的思想源流中,才能把握它的真实含义。

今天所谓的货币主义思想主要起源于 1956 年米尔顿·弗里德曼编辑的《货币数量论研究》(*Studies in the Quantity Theory of Money*)一书,特别是弗里德曼自己执笔的序章中的内容。

在货币经济条件下,所有交易都需要结算,货币的流动也就随之产生。因此,在一定期间内,如果能观察到完成交易结算需要使用多少货币,就可以明确地知道这个期间中交易总金额和货币量之间的关系。休谟-费雪的货币数量方程就关注到了这一点，将名义生产总值表示为货币供给量（M）和货币流通速度（V）的乘积，即"$PO = MV$"。货币数量说认为货币流通速度主要是由制度性因素决定，并且不受各个时点经济波动因素的影响。此外，实际国民生产总值（O）和货币没有直接的关系，而是在充分就业的情况下通过配置稀缺资源来确定的。因此，依据货币数量方程式（$PO = MV$）我们可以发现，货币供给量（M）和物价水平（P）之间存在着一定的比例关系，即物价水平的上升率（$\dot{P}/P$）等于货币供给量的增长率（$\dot{M}/M$）。这就是货币数量说的原型。

以马歇尔为首的经济学家还提出了货币数量说的另外一个思路。人们会将各自收入的一部分以货币的形式留在手中用于交易结算。在这种情况下，国民经济整体所需要的货币量就是名义国民生产总值（PO）的一部分（k）。如果将货币供给量表示为 M，那么货币的供需达到平衡时，基本方程式 $M = kPO$ 就会成立。这里的 k 被称为"马歇尔 k 值"，和货币流通速度 V 互为倒数。但是我们需要反复强调的是，和休谟-费雪的基本方程不同，剑桥学派的基本方程所表示的是货币的供需平衡的条件。

货币数量说还对物价水平 P 的决定因素进行了以下阐述。假设货币供给量 M 增加，此时货币供给量会大于需求量，即 $M > kPO$。在这种情况下，每个人拥有的货币量（M）会超出各自的期望值（kPO），人们为了减少各自拥有的货币数量，开始购买商品。因此，商品市场开始出现需求大于供给的现象，随之而来的就是商品价格上涨。不断上涨的价格在新的货币供给量等于货币需求量，也就是达到均衡水平时稳定下来。相反，货币供给量减少时，同样的机制也会发挥作用。就这样，货币数量的调整通过货币和商品的交换实现，并对价格水平产生影响。这就是货币数量说的基本思想。

凯恩斯的《通论》指出货币数量说的制度性前提条件中存在矛盾，并提出了一个崭新的思路。凯恩斯认为，在货币保有量的供需没有达到均衡时，调整过程不是通过货币和商品的交换实现的，而是通过货币和其他各种金融资产交换实现的。而货币和金融资产交换决定的是金融资产的价格体系，也就是市场利率体系，这就是流动性偏好理论的基本观点。说到流动性偏好理论与剑桥学派货币数量方程的关系，剑桥学派货币数量方程式中的马歇尔 k 值实际上会随市场利率变动，货币的流通速度 V 也不是由经济制度决定的常数，而是随着货币供给量和就业数量的变化而变化。

凯恩斯的流动性偏好理论在 20 世纪 40 年代至 50 年代初期，被詹姆士·托宾和哈里·马科维茨（Harry Markowitz）等经济学家拓展为更为一般性资产选择理论，这对凯恩斯主义在战后的发展发挥了重要的作用。

但是，弗里德曼在《货币数量论研究》的序章"货币数量论的重新表述"中，提出"货币数量说是针对持有货币的需求的理论"，这意味着弗里德曼的理论和凯恩斯-托宾的一般性资产选择理论完成了一样的公式化。唯一的区别就在于，在弗里德曼的公式化体系中，除了实物资产和金融资产，还明确包含了人力资本。弗里德曼基于凯恩斯-托宾资产选择函数，假设其具有一次齐次性数学性质，最终推导出马歇尔 k 值的变化只取决于市场利率和物价变动这一最终结论。此外，弗里德曼在论证政策性命题时也巧妙地融入前提假设，如马歇尔 k 值为固定值或者虽然变化但变化率极小，然后阐述其理论体系。

最鲜明地体现出后来流行的货币主义思考特征的是弗里德曼对菲利普·D. 卡甘（Phillip D. Cagan）的论文《恶性通货膨胀的货币动态学》（"The Monetary Dynamics of Hyperinflation"）的评价，这篇论文收录在《货币数量论研究》一书中。卡甘在其论文中利用历史上著名的七次恶性通货膨胀，修正了货币数量说，展开了具有说服力的论证。对此，弗里德曼评价如下。恶性通货膨胀是指物价水平剧烈上涨，货币因素起主导作用，而实物因素则完全失去影响力。卡甘的论文证明了在这种状态下货币数量说这种货币主义理论是正确的。因此，弗里德曼声称，在分析货币相关现象时，无论在哪个时代，无论在哪个国家，货币数量说都是正确的。恶性通货膨胀实际上是由于将关注重心放到实物层面，忽略货币层面，导致金融制度不能正常运转的状态。正如卡甘在其论文中提到的那样，恶性通货膨胀是由于战争、地震或者疫情暴发，导致生产能力遭到巨大的破坏，商品的供给能力大幅下降，导致需求长时间大幅超过供给水平，物价水平无止境地上涨的状态。由于金融制度崩溃，原本可以作为货币替代品的金融资产大部分丧失了价值，货币交换商品成为主流。在恶性通货膨胀发生的时候，世界仿佛回到了休谟描述的那个金融制度尚不成熟的初级资本主义市场经济时期，此时货币数量说的合理性得到充分体现。

这种情况下，与其说货币数量说能够成立，不如说本来就是理所当然的。如果仅仅因为货币数量说可以恰当地解释恶性通货膨胀，就认为它可以同样解释具有高度发达的金融制度的现代资本主义市场制度，这种想法可以说毫无根据。

弗里德曼在 1956 年的《货币数量论研究》序章里的主张，在之后货币主义经济学的形成中起到了重要的作用。弗里德曼借用托宾等经济学家提出的一般性资产选择理论（且没有引用托宾的任何论文），创造出一个有关货币持有需求的理论，并且直接赋予其和凯恩斯主义理论针锋相对的内涵。通过这样的方式完成了货币数量说公式化的理论为何在若干年后仍然能对经济学产生影响力？可以说这也是赋予 20 世纪 70 年代转型时代特色的现象吧。

货币主义经济学思想的基础是新古典经济学的世界观。在这个世界观中，构成国民经济主体的是抽象的个人。个人不仅可以持有金融资产，还能拥有作为生产资料的固定实物资产。因此，家庭和企业没有本质的区别，它们作为相同的经济主体理性地进行储蓄和投资。不难想象，从这种世界观得出的政策结论饱含自由放任主义的思想。不仅是货币主义经济学，其他的反凯恩斯主义经济学的思想也无一例外。在这种背景下20世纪70年代各国采用的经济政策都和反凯恩斯主义经济学的主张有共通之处，比如废除各种制度、将社会共通资本私有化或平衡预算、执行关注货币供给的货币政策、自由贸易、资本自由化、浮动汇率制度等。

20世纪70年代，特别是在美国的各个大学中掀起流行热潮的反凯恩斯主义经济学思想舍弃了现实经济中的各种制度性和时间性的限制，以新古典经济理论作为前提，逐渐走向极端。反凯恩斯主义经济学通过相关的理论演绎和统计学分析，推导出符合特定政治意识形态的结论。而且反凯恩斯主义经济学的盛行还给世人留下一种错觉，好像他们在凯恩斯主义经济学以外开辟出了新的经济理论框架。但是，这些思想无一例外，在理论完整性以及现实合理性上都是粗浅的，而且其内部还不时出现严重的矛盾。可以断言，这些所谓的新经济学理论无法取代凯恩斯主义经济学，充其量仅是通往新经济研究范式道路上昙花一现的现象。在现实中，这些思想支配了很多美国大学的经济学研究，也对当时的经济学教育产生了不小的影响。这些思想还在政治和社会层面上造成了不可忽视的影响，从某些意义上讲，这本身也反映了当时美国社会的病根之深。这些思想的蔓延给经济学的发展蒙上了一层阴影。

也有不少经济学家对于20世纪70年代盛行的反凯恩斯主义经济学持批判态度。其中特别值得注目的是罗伯特·莱卡赫曼（Robert Lekachman）。正如他的著作《陷入困境的经济学家》（*Economists at Bay*，1976）一书的副标题"为何经济学家对现代社会问题束手无策？"一样，他在这本书中对美国经济学逐渐走入绝境这一现象进行了分析，并试图探索一条能够走出黑暗时代的道路。我认为这本书有着巨大的参考意义。

莱卡赫曼在这本书中认为，现代社会应该关注问题包括贫困、失业、通货膨胀、资源枯竭、多国企业、工会等。而当时所谓的正统派经济思想无法对这些问题进行准确的分析，甚至许多经济学家都没有意识到这些问题，以错误的方法朝着恶化这些问题的方向展开分析，发挥了反社会性质的作用。

莱卡赫曼的批判矛头直指20世纪60年代末期至70年代中期的美国共和党政权的经济政策。莱卡赫曼的批判针对的虽然是货币主义经济学，但同样适用于整个反凯恩斯主义经济学，甚至可以说是对当时整个现代经济学发出的挑战。莱卡赫曼是受到了琼·罗宾逊的"经济理论的第二次危机"的影响，针对美国经济学的情况展开详细的论述。原本新古典经济学关心的是，为了能够高效率的达成某种既定的目标，应该如何配置各种稀缺资源。这是把经济学当作工程学的一种思考方式。经济学家不关心目标是否具有合理性。这让经济学一方面可成为社会科学中最具技术性的学科，另一方面又让经济学的理论分析失去价值判断，这是非常危险的。这种危险性在 20 世纪 60 年代的越南战争升级过程中变得显著，负面影响也日益严重。莱卡赫曼认为，这种危险性在进入 20 世纪 70 年代后变得愈发明显。而所谓的"正统派经济学"一方面没有提出分析通货膨胀、失业、资源等问题的经济学框架，另一方面也没有提出解决贫困、不公平等问题的政策性方针。特别是在尼克松政府期间，共和党政权的经济政策可谓深受货币主义经济学主张的影响。在莱卡赫曼看来，这种经济政策不仅严重缺乏宏观经济学的整合性，也完全没有考虑基本的社会伦理。

莱卡赫曼提出的问题不仅仅是美国经济学面临的问题，包括世界很多国家的经济学发展都需要解决这些问题。但是在美国，越南战争留下的伤痕至今仍然深刻地影响着这个国家。特别是在现今美国的学术领域，占据主流地位的经济学家多数都直接参与了当时的战争，或者虽抱有消极态度但仍然支持了战争。这些人中的多数为了保护自身在学术界的既得利益而忙碌。这些人并没有将目光转向各种社会现实问题，也没有基于社会伦理开拓经济学的疆界，反而对富有生力的年轻一代进行打压。20 世纪 70 年代的反凯恩斯主义盛行就是在这种背景下才发生。莱卡赫曼认为，这些既有利益者使当时美国多数大学都出现了经济学研究方向上的扭曲，而这扭曲不利于大学重现二战刚结束时曾发挥过的引领新经济学发展的主导作用。如何打破这种局面呢？莱卡赫曼认为有必要重新回到四位曾经带着先见之明、开创了经济学这门学科的经济学家那里汲取智慧，他们分别是亚当·斯密、卡尔·马克思、托斯丹·凡勃伦、约翰·梅纳德·凯恩斯。这四位经济学家从其各自不同的历史观和经济分析框架得出了各异的政策建议。莱卡赫曼认为可以从这四位经济学家的思想之中找到未来经济学发展的方向。对于这一点我也深有同感，完全赞同。

第10章 现代经济学的发展

反凯恩斯主义经济学的终结

在20世纪70年代盛极一时的反凯恩斯主义经济学进入80年代初期似乎达到了它的极限，经济学本身也渐渐开始重新回到了正确的轨道上。

20世纪80年代发生这种变化的根本原因当然是经济学家渐渐意识到，反凯恩斯主义经济学有着诸多内在的理论性矛盾，但是直接原因却是当时反凯恩斯主义经济学思想在政治以及社会层面上的影响力逐渐扩大。乍看上去，两者似乎有些矛盾，但其含义如下。

我们前面提到过，拉弗曲线在里根政府制定其政策纲领的过程中曾经发挥了重要的作用。供给学派的另一位推崇者费尔德斯坦虽然没有能够实现其提出的废除养老金制度的政策建议，但也因此谋得了里根总统经济咨询委员会主席的重要职位。此外，货币主义经济学的应用不仅局限于货币政策领域，还在普遍放松和废除各种限制政策中发挥了重要的作用。

反凯恩斯主义经济学思想是和20世纪70年代美国政治、社会状况相匹配的经济学思想，当时的政治、社会需求原原本本地以经济学的形式呈现出来。进入20世纪80年代，里根政府加速了这种倾向。其后果怎样呢？

里根政府初期通过了三年内降低25%所得税的减税法案，军费开支大幅增长，与此同时，社会保障相关的费用则遭到大幅的削减。不仅如此，里根政府加速废除了很多自20世纪70年代以来推行的限制措施，还缩小了公有经济的活动规模。这其中特别值得关注的是放松甚至取消了一些金融制度相关的规制。从20世纪30年代发生的大萧条带来的痛苦经验中，人们意识到需要限制金融产业中带有反社会性和投机性的经营活动。但在里根政府时期，出现了非常明显的废除这些限制和规定的倾向。

这一系列政策的理论基础都是反凯恩斯主义经济学思想。这些政策恰逢世界经济不景气，共同造成美国经济增长不稳定。当时美国的失业率一度超过10%，联邦预算赤字达到2000亿美元，国际贸易赤字高达1500亿美元。与此同时，外汇市场也波动巨大，对国际贸易的增长造成了巨大的负面影响。在此期间，美国和发展中国家间的外债累计超过10 000亿美元。20世纪70年代至80年代的世界经济可以说是20世纪30年代大萧条以后的又一个不均衡时代。在这种时代潮流中，经济学家逐渐开始对反凯恩斯主义经济学进行批判和反思并发展壮大起来。他们开始意识到，反凯恩斯主义经济学的流行不过是在 20 世纪 70 年代进行的一项成本高昂的实验罢了。从 20 世纪 80 年代中期开始，经济学的潮流再次出现了大幅转向，回到了凯恩斯主义经济学的轨道上，重新拾起经济学本来的问题意识，兴起了追求新型分析框架的运动。琼·罗宾逊在"经济理论的第二次危机"演讲中所强调的内容终于在经济学家中间成为了共识，经济学家也开始认真地寻找解决第二次危机的方法和途径。这种转变在经济学的世界里，可以说是 20 世纪 70 年代黑暗时期的终结。尽管光线还很微弱，但是毕竟开启了经济学发展的新潮流。新的潮流究竟以何种形式发展固然难以预判，但是不可否认，这种新的潮流使得经济学重新回到了亚当·斯密以来的古典经济学问题意识的原点，并基于新古典经济学和凯恩斯主义经济学的分析方法，将其进一步细致化，为经济学发展留下浓墨重彩的一笔。

现代经济学的潮流

20 世纪 70 年代至今，世界上的资本主义各国（也许可以把社会主义各国也包含在内）的处境都可以概括为"不均衡的时代"。"不均衡"主要包含如下的两层意思，即市场不均衡和社会不均衡。市场不均衡是指存在一种制度性和社会性障碍，使得市场中需求和供给的背离无法通过市场机制调整完全消除。有时经济还会陷入螺旋恶化的不稳定状态。在资本主义市场经济制度前提下，企业、个人等经济主体的行为一方面互相交错、互相影响，另一方面他们也会遵循各自的主观价值基准，以分权的方式决定自己的行为。市场机制的稳定性，就是由各个经济主体的行动加总后得出的需求函数和供给函数的关系决定的。无论是各个经济主体采取的行为还是其行为背后蕴含的行为规范本身，都和整个社会的文化、历史、政治等诸多结构性因素有着密切的关系。因此不能将这些因素剥离，仅按照理性经济人的行为方式来分析经济主体的行为。经济周期也反映了这种更为上层的社会的文化、历史和政治等结构性特征，同时，经济周期也成为引发这些结构性因素改变的契机。因此，我们在理解市场不均衡的现象时不能脱离了各种制度性因素。对于市场不均衡的分析，也需要一种远远超过基于新古典经济理论以及凯恩斯主义经济学分析方法的理论。

社会不均衡是另一种不均衡，它一方面和市场不均衡有着密切的关系，另一方面也和市场经济制度所依赖的社会性、制度性的各种因素有着直接的联系。比如，构成一个国民经济体系的各种稀缺资源和生产资料的比例不协调，稀缺资源和生产资料的积累也不平衡。稀缺资源以何种标准被分为私有资本和社会共通资本受各种历史性、社会性、政治性因素的影响，积累过程也受各种政治性、社会性、文化性因素的左右。社会不均衡是指,在资源配置和积累过程中,没有一种能够使社会共通资本和私有资本保持相对平衡的机制。之所以称之为社会不均衡,是因为在这种情况下,政府的政策不能完全消除市场经济内部的不稳定因素,私有资本和社会共通资本的平衡比例必然会遭到破坏,即使考虑到政府政策的作用,平衡机制也无法奏效。

现代经济学面临的主要问题可以归纳为,如何描述和分析市场不均衡和社会不均衡为特征的现代资本主义的病态,以及通过何种途径解决。

从这一立场出发来审视现代经济学的理论发展,我们可以发现,对应市场不均衡和社会不均衡两种问题分别存在动态不均衡理论和社会共通资本理论这两种试图解决问题的理论。在以下的内容中,我将对这两种理论分别进行解说。

动态不均衡理论

凯恩斯主义经济学明确了现代资本主义的各种制度性条件并且将其公式化,建立了追求市场均衡以及理解经济周期的分析框架。凯恩斯主义经济学还指出,基于资本主义市场经济制度的经济在运行中一般都具有某种不稳定性,实际上不存在能够同时实现充分就业和物价水平稳定的自律性机制。为了实现充分就业、物价稳定以及稳定的经济增长，政府必须对经济活动采取各种限制，灵活而有目的地使用财政政策和货币政策，稳定地调节总需求。这也就是所谓的"凯恩斯主义稳定政策"的理念，其构思的基础源于"微调"（fine tuning）这一思想。经济理论发展到现阶段，很多人质疑究竟能否实现这种微调。关于这一点，我们需要注意的是，微调能否实现很大程度上取决于设定的政策目标。举例来说，如果像货币经济学家主张的那样，把货币供给总量或货币供给的变化率作为政策目标，考虑到当局对于金融制度的技术性知识和管理能力，是不可能实现微调的。但是，如果将短期市场利率的稳定化，也就是凯恩斯主义主张的货币政策作为政策目标时，微调就是可能的。由此可以发现，政策目标设定不同导致微调可能性不同，实际上反映了凯恩斯主义宏观经济理论背后的动态不均衡过程是否稳定。

除了微调的可能性这种技术层面的问题以外，凯恩斯主义的政策理念还存在更深层次的问题，那就是政府能否站在中立的立场上，对有效需求进行微调？在这里，政府的中立性有两层含义。第一个就是政府的财政政策和货币政策或者说广义上的经济政策，其效果对于市场经济的经济周期来说是否是中立的。第二个问题则是，政府选择的经济政策是否在市场经济的各项制度性限制中保持中立。实际上资本主义市场经济制度本身就是某个社会体系的特定历史阶段的产物。政府制定经济政策的机制也是在同样的社会和历史条件中形成的。特别是在政治民主主义大旗之下,难以想象在制定和实行政策时,政府可以不受塑造市场经济制度的社会因素影响,保持政策的中立性。政府的行为归根结底受到支撑资本主义市场经济制度的历史、社会、文化等诸多因素限制。

贯穿凯恩斯主义经济学的政府行为中立性的前提条件实际上也和哈罗德所指出的"哈维路的文化前提"有着密切的关联。20世纪 60 年代后期开始兴起的对于凯恩斯主义经济学的攻击究其根源,就在于对上述政府中立性前提条件的批判。为了回应这种批判,构筑一种包含政府行为模式的宏观经济理论就成了现代经济学最为重要的课题之一。发扬了制度学派思想的所谓"进化论经济学"为构建这种新的宏观经济理论提供了分析框架。

从上述角度理解凯恩斯主义经济学所处的局面时,我们可以发现,实际用希克斯的 *IS-LM* 分析来分析凯恩斯的理论就必然面临一些问题。希克斯的 *IS-LM* 分析最为严重的一个问题,就是它强行将凯恩斯的理论纳入到均衡分析的框架之中。实际上琼·罗宾逊早已经指出过这个问题,连希克斯本人也在其著作《凯恩斯主义经济学的危机》(*The Crisis in Keynesian Economics*,1974)一书中指出:"*IS-LM* 分析在《通论》刚出版之时也许还是恰当的解释框架,但是从 20 世纪 70 年代世界资本主义所处的状况来看,它可能就未必合理了。"

理查德·卡恩

上述对 *IS-LM* 分析合理性的批判实际上也将矛头对向了凯恩斯的《通论》。更加准确地说,凯恩斯的《通论》是否准确体现了理查德·卡恩为中心的凯恩斯学术圈所提倡的动态不均衡思想?

理查德·卡恩继承了凯恩斯在剑桥大学国王学院和英国财政部的职位,他也在英国经济学研究和教育领域发挥了重要作用。理查德·卡恩虽然除了乘数理论相关的古典经济学论文以外成果寥寥,但是其理论的透彻性、深刻的洞察力以及社会正义感使他成为凯恩斯以后最具影响力的英国经济学家。

凯恩斯学术圈是 1931 年由理查德·卡恩主导建立的由剑桥大学年轻经济学者们组成的学术集团。他们共同的问题意识可以归纳为,揭示暗藏在当代资本主义经济制度中的能够引发严重不均衡状况(比如大萧条)的机制,从理论的角度寻找摆脱经济低迷、消除非自愿失业的财政和货币政策。凯恩斯学术圈的研究成果虽然在日后被归纳在凯恩斯的《通论》一书中公之于众,但是这本《通论》是否真正正确地反映了凯恩斯学术圈的所有研究成果还存在诸多疑问。然而,卡恩的论文、琼·罗宾逊的几本启蒙著作以及阿巴·勒纳的论文,只能带给我们关于凯恩斯学术圈研究成果的一些碎片化的认识。

自马歇尔以来,剑桥就有"口授传承"(oral tradition)的学术传统。这种思想认为,想要获得经济学的真髓,只能在剑桥接受优秀的经济学家的亲自指导,通过公开发行的书籍或者论文并不能理解经济学的本质。在这种思想背景下,凯恩斯学术圈也认为,只有实际参加了他们的共同研究才能够理解他们研究成果的本质。关于这种观点,理查德·卡恩曾经有过令人印象深刻的论述:"我自己在去年(1978)第一次读了《通论》这本书,《通论》这本书的写法简直是糟透了。我完全不能理解这本书想要说什么,想要对读者传达什么。"实际上,凯恩斯本人并不是凯恩斯学术圈的成员。虽然最近有几篇关于凯恩斯学术圈活动的论文,但这些文献也无法帮助我们详细理解以理查德·卡恩为中心构筑起来的动态不均衡思想。但是,我们也并非完全不能根据理查德·卡恩、琼·罗宾逊和勒纳的论文推测凯恩斯学术圈提出的动态不均衡思想。这种推测需要借助小谷清于1978年发表的论文《市场经济分析的新框架》。小谷构筑的分析框架解决了《通论》中存在的理论缺陷,使得动态不均衡的研究成为可能。在这个领域中,小谷的论文完全可以说是20世纪70年代最优秀、最具洞察力的一篇。而小谷清的著作《不均衡理论》使其理论的全貌呈现在世人面前。下文我将介绍的动态不均衡理论,就是基于小谷理论对凯恩斯学术圈提出的动态不均衡思想的重新构建。

霍特里-小谷理论的拓展

要介绍动态不均衡相关理论，首先必须明确该理论是如何看待现代资本主义的制度特征，以及在此基础上建立的宏观经济模型的。换言之，就是动态不均衡理论看待现代资本主义的视角。在这里，我们以凡勃伦-凯恩斯的视角作为讨论的出发点。具体来说，就是构成资本主义市场经济制度的实际上由本质上属性不同的企业部门和居民部门这两个部门构成。这一点和古典派经济学以及马克思的三大阶级，即资本家阶级、劳动阶级、地主阶级不同，和新古典经济理论所坚持的经济人假设也不同。在这种企业、居民两部门的视角下，企业作为实体组织构成了一个阶级，在资本主义经济中占据了最为重要的地位。

多数生产型企业采用的都是营利企业这一形态，它们是由各种固定生产资料构成的有机整体，通过中枢管理系统理性行动。正是这种凡勃伦式的企业，塑造了现代资本主义经济制度的特征。

当企业的生产资料大多以固定形式存在的时候，企业就无法根据时刻变化的市场环境适当地调节生产资料，也就无法实现利润最大化的目标。企业内部积累的固定生产资料实际上是过去的投资结果，而在那个时点，企业并不了解现在的市场情况。特别是在雇用劳动人数确定的情况下，现在时点的劳动的边际产量不一定等于实际工资水平。凯恩斯在《通论》中是以"劳动的边际产量和实际工资水平相等"的第一原则为基础展开理论阐述的。但是，在雇用劳动人数为固定不变的情况下，第一准则也就不再适用。

此外，生产规模的调整也是一样，实际生产规模并不能够保证在该时点的市场条件下一定可以达到利润最大化。我们可以假设某一时点 t 的市场条件，能够产生最大利润的生产量和劳动雇用人数各自定义为最优生产量 Y_t^o 和最优就业量 N_t^o。在这一条件下，实际生产量等于以市场价格衡量的名义价格除以货币工资率。如果将在时点 t 的实际生产量和就业量分别记作 Y_t^a 和 N_t^a，那么这两个数量不能在时点 t 自由调整，而是由过去的行为确定的。

如果企业内部积累的生产资料是固定的，就不存在能够使总供给和总需求相等的机制，需求和供给之间就会长期背离。总需求由消费、投资、政府支出三部分组成，这里的问题主要是投资中的固定资产投资。换句话说，我们有必要注意到，企业根据自身对未来市场的长期预测决定的固定资产投资实际上是影响总需求的重要因素。

关于这一点，凯恩斯在《通论》中实际上是犯了一个重大的错误。凯恩斯定义的投资包括固定资本、营运资本、流动资本三个方面。流动资本的积累就是库存投资，是有意识或无意识积累的最终产品和原材料数量的总和。拉尔夫·霍特里（Ralph Hawtrey）对凯恩斯的定义提出了异议，他主张投资应该仅包括固定资本的积累。霍特里认为，固定资本和库存投资的性质完全不同，不能将两者混为一谈。固定资本的积累是通过各个企业根据对市场的长期预测，按照事先制定的计划执行才实现的。而库存投资则受每时每刻市场条件影响，是无法事先计划的。霍特里还认为，二者更重要的区别是，计算固定资本投资成本时要考虑长期市场利率，而库存投资的成本则取决于短期市场利率。凯恩斯并没有对霍特里的批评做出让步，仍然坚持自己的投资概念。

但是，如果使用凯恩斯的广义投资概念，那么《通论》就会在理论层面上出现矛盾。在这里我们假设总供给 Y 和总需求 X 不相等。此时，总需求即为消费 C、投资 I、政府支出 G 的和。

$$X = C + I + G$$

总供给 Y 和总需求 X 的差 $Y-X$ 实际上应该是库存投资的一部分，但是根据凯恩斯定义的投资并不是 I，而是

$$I' = I + (Y - X)$$

因此，总需求也不是 X，而是

$$X' = C + I' + G = C + I + G + (Y - X) \equiv Y$$

换句话说，总需求 X' 和总供给 Y 之间是恒等关系，实现有效需求存在不确定性。这样，凯恩斯的理论就陷入和他一直批判的

新古典经济理论一样的境地，有效需求理论失去原本的合理性。

而且，凯恩斯在《通论》中阐述的投资理论都是有关固定资本投资的，没有涉及库存投资的内容。我们有必要指出，凯恩斯并没有正确认识到决定投资水平的是"投资"的边际效率，而是错误的使用了"资本"的边际效率这一概念。勒纳已经指出过这一点。

当我们建立动态不均衡模型作为凯恩斯理论的出发点的时候，还存在另外一个重大的问题，那就是价格水平究竟应该如何决定。凯恩斯在《通论》中没有对价格决定机制加以明确的公式化。在希克斯的 IS-LM 分析中，价格给人的印象也是它是固定在某一特定水平上的。关于这一点，我认为霍特里的分析能够给我们很大的启发。霍特里的关注点在于交易库存的市场。现在我们考虑一种情况，即生产企业和消费者之间存在多个流通渠道，生产企业生产的最终产品首先被存放在物流企业或贸易中间商的仓库中，消费者只能从贸易中间商手中购买商品。贸易中间商之间存在一种可以让他们自由交易库存的市场。这种库存市场中交易的其实不是存放在各个仓库的实际货物，而是货物的存放凭证或者说是仓储货物证券。由于库存市场的组织化程度非常高，交易效率也极高。霍特里认为，在这样的库存市场中形成的市场价格就决定了物价水平。库存市场的基本特征和货币市场、股票市场等金融资产市场完全相同，且市场供给和需求长期保持平衡。生产者和消费者以库存市场的均衡价格为标准最终决定各自的价格。

如果采用霍特里关于价格决定机制的理论，那么在有关经济周期问题上就会得出和凯恩斯完全相反的结论。在这里我们将两种经济周期分别命名为"霍特里过程"和"凯恩斯过程"。为了明确二者的区别，我们首先看看这两种观点如何认识货币供给的变化对经济周期的影响。我们需要注意的是，凯恩斯和霍特里对货币的定义存在一些差异。凯恩斯的货币概念是通常意义上的货币量 M1 加上具有高度市场流动性的短期金融资产。与此相对，霍特里的货币概念则仅包括通常意义上的货币量 M1。

"霍特里过程"认为经济周期的展开如下。货币供给增加，首先会对货币市场的均衡产生影响，短期市场利率下降。短期市场利率的下降会导致库存成本降低，同时推高中间商的库存需求，提高库存市场的均衡价格。库存市场中的市场价格上涨会提高生产者的价格水平，而生产者会利用价格提高的机会扩大自身生产规模，从而带动就业以及国民收入水平的提高。在这个过程中总需求也会出现相应的增长。当这种情况持续一段时间以后，生产者开始确信总需求的增加是永久性的，才会追加固定资产投资，从而进一步扩大总需求。

与霍特里过程相对，凯恩斯过程则是这样思考经济周期的：当货币供给增加，会迅速对长期金融资产市场中的均衡条件产生影响，引发长期市场利率下降。投资边际效率提高导致投资规模增大。投资的增加使总需求曲线向上方移动，有效需求也会随之增加。

比较上述"霍特里过程"和"凯恩斯过程"可以发现，作为解释现实经济周期机制的理论，前者远远胜过后者。但是，凯恩斯和霍特里之间长期论争的结果却是凯恩斯的主张被后世广为认同，而霍特里的思想却没有引起关注。但是，不管是从探索《通论》原本的分析框架还是进行动态不均衡分析的角度看，霍特里的理论更能提供有价值的启发。将霍特里理论以严密的形式加以公式化，并把它作为动态不均衡分析出发点的则是小谷清。

霍特里-小谷模型

霍特里-小谷模型的分析内容可以概括如下。首先假设时点 t 的全部库存量为 Z_t。生产中间商的库存需求量受库存市场价格 p_t 和预期上升率 $\dot{p}_t/p_t$ 的影响。库存市场价格的预期上升率对需求产生影响的原因主要是价格上升会让库存增值，但是在这里我们为了简化分析，忽略库存增值的影响，或者假设库存市场价格的预期上升率始终维持在某个固定水平。

库存的需求曲线如图 9 中的 DD 曲线所示，是向右下方倾斜的曲线。在图 9 中，横轴表示库存 Z，纵轴表示价格 p。这里的价格是实际价格，也就是名义价格除以货币工资率的价格。库存市

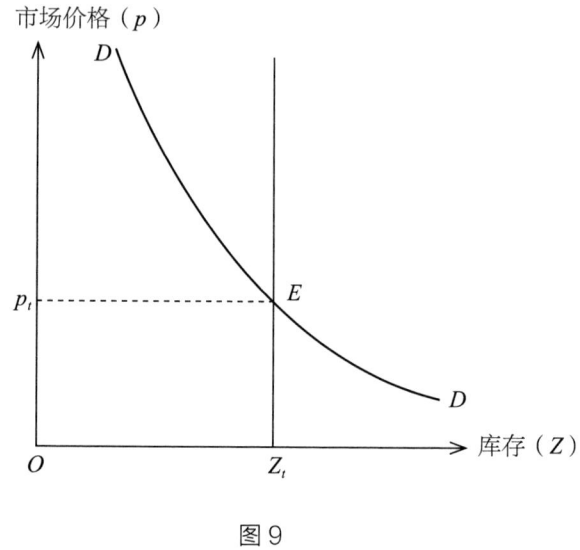

图 9

场的均衡价格 p_t 由需求曲线 DD 和库存 Z_t 的交点 E 决定。

在库存市场价格 p 确定的情况下，我们可以推导出总供给曲线和总需求曲线。

总供给曲线可以由总生产函数导出。我们假设就业为可变量，就业量 N 和使用实物衡量的国民收入 Y 之间存在如图 10 中曲线 AO 所示的关系，该曲线表示的是总生产函数。由于实际价格 p 是实际工资的倒数，斜率等于 $1/p$ 的切线与总生产函数曲线 AO 的切点 B 就是利润最大的点。此时，以工资衡量的实际国民收入水平就是切线和横轴交点 C 与点 N 之间的距离。因此，总供给曲线如图 11 中的曲线 Y 一样，向右上方倾斜。总需求曲线如图 11 中的

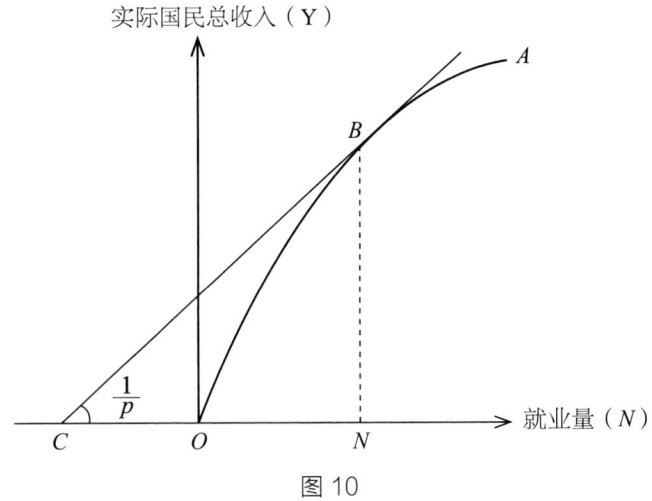

图 10

曲线 X 一样，其斜度一般来说会低于总供给曲线。这两条曲线的交点 E_t 表示时点 t 的有效需求，此时的就业量为 N_t^e。

如上所述，各个时点 t 共有三个就业量，分别是 N_t^a、N_t^o、N_t^e。其中 N_t^a 代表实际就业量，它是由过去的经济行为决定的，在时点 t 不能够进行调节。N_t^o 则代表库存的市场价格 p_t 对应的劳动边际产量和实际工资率相等时的最优就业量。N_t^e 代表假设雇用劳动人数可变、生产规模能够自由调节时，有效需求对应的就业量。

这三个就业量在通常情况下是不相等的。当凯恩斯第一准则成立，即在劳动可变性前提下，N_t^a 和 N_t^o 是相等的。在商品和服务市场长期保持均衡，就业量受有效需求调节的情况下，N_t^a 和 N_t^e 是相等。当经济处在希克斯的 IS 曲线上时，N_t^a、N_t^o、N_t^e 三者相等。

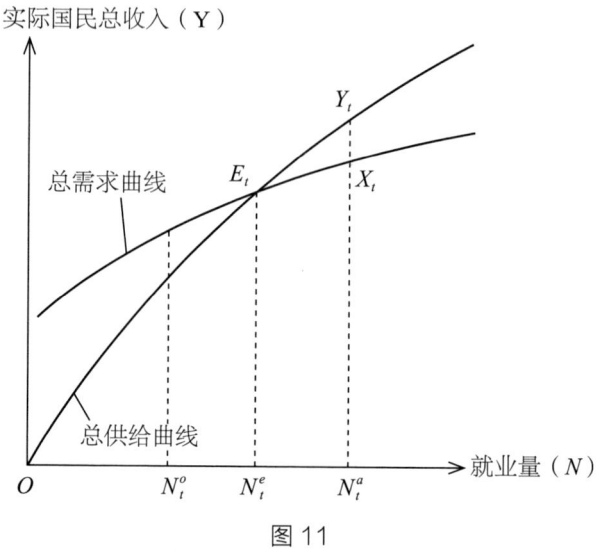

图 11

随着时间变化，N_t^a、N_t^o、N_t^e会怎样变化呢？我们可以假设现在这三种就业量如图11所示。在这种情况下，最优就业量N_t^o小于实际就业量N_t^a，所以企业部门会减少雇用的劳动人数。一般来说，就业量的变化$\dot{N}_t^a$取决于$N_t^o-N_t^a$的取值，可以说二者的变化方向是相同的。而且，有效就业量N_t^e小于N_t^a也意味着库存投资变化$\dot{Z}_t=Y_t-X_t$的结果为正。因此，如图9所示，随着库存增加，市场价格p_t会持续下降。一般来说，市场价格的变化$\dot{p}_t$将与$N_t^e - N_t^a$的结果符号相同。而市场价格p_t的下降会降低最优就业量N_t^o，使得N_t^a也有减小的倾向。当这一系列变化持续一段时间以后，实际就业量N_t^a将会等于有效就业量N_t^e，进而将逐渐小于N_t^e。此时，库存反而开始趋于减少，市场价格p_t则会升高。

与此相对应，最优就业量 N_t^o 也会出现上升并且最终会超过实际就业量 N_t^a，导致实际就业量 N_t^a 增大。实际就业量 N_t^a 和市场价格 p_t 之间就如图 12 所示，存在着一种循环关系。在图 12 中，在 $N^o = N^a$ 曲线右侧，N_t^a 将不断减少，在左侧则不断增加。同样，在 $N^e = N^a$ 曲线右下方，市场价格 p_t 将不断下降，在 $N^e = N^a$ 曲线左上方，市场价格 p_t 则不断上升。因此，N^a 和 p_t 会沿着图 12 中的带箭头曲线画出一个循环的形状。这个结论在库存需求和雇用调整等企业的行为满足一定的约束条件下才合理，但已经可以描绘出霍特里-小谷过程的一般特征。

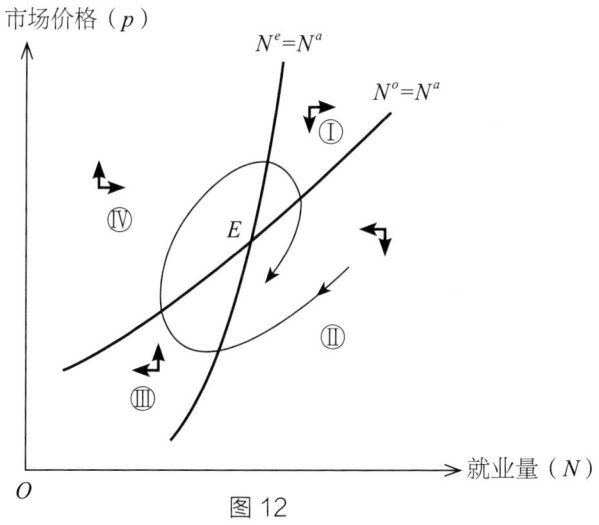

图 12

霍特里-小谷过程的均衡解如图 12 所示，位于两条曲线的交

点 E。在点 E 的位置,三个就业量 N_t^a、N_t^o、N_t^e 完全相等,即凯恩斯-希克斯均衡成立。因此,如果说霍特里-小谷过程具有稳定性,那么经济也会收敛于凯恩斯-希克斯均衡。但是,霍特里-小谷过程一般来说并不一定具有稳定性。图 13 展现了霍特里-小谷过程处在循环状态时,实际就业量 N_t^a 和市场价格 p_t 随时间变化的动态轨迹。图 13 中有四种循环类型,而这四种循环类型一一对应图 12 中的四种模式。在这里特别值得关注的是,第二种和第四种循环类型并不和凯恩斯的第一准则或是新古典经济理论的前提条件矛盾。但第一种和第三种循环类型则和这两个前提条件矛盾。

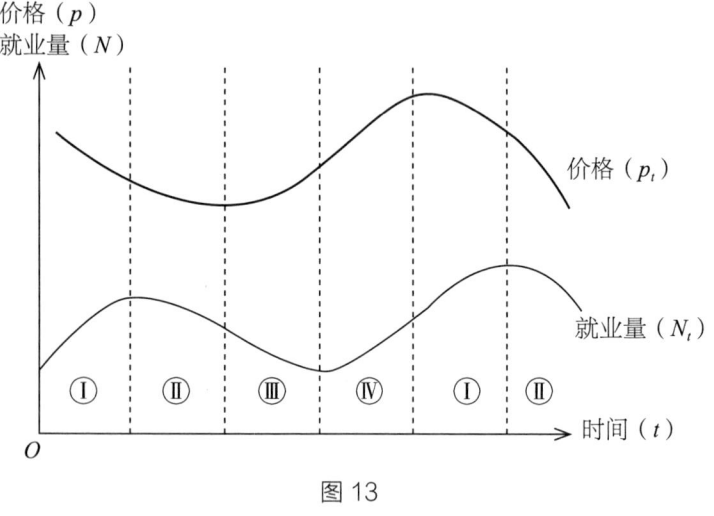

图 13

凯恩斯-希克斯均衡实际上能够在更长期的经济调整中不断

变化。如果调整的过程具有稳定性，经济收敛于长期均衡点时将会实现充分就业，物价水平也会长期处于稳定状态。换句话说，经济将会收敛于新古典经济理论中的市场均衡或亚当·斯密的"自然价格"支配的世界。从这个角度上来看，霍特里-小谷理论实际上是为我们提供了一个展开动态不均衡分析的基本框架。

20世纪60年代末期开始至70年代，凯恩斯主义经济学，特别是以 *IS-LM* 分析为出发点的美国凯恩斯学派（American Keynesians）受到各种各样的批判。我们曾经在之前的章节中提到过，这些批判中的一部分将矛头对准了 *IS-LM* 分析，认为 *IS-LM* 分析太过拘泥于均衡分析框架。而事实上，以美国为首的多数资本主义国家都进入所谓"不均衡"时期，经济现实都背离了 *IS-LM* 分析的前提——均衡状态。换句话说，当时世界各个资本主义国家所处的环境实际上并非处于凯恩斯-希克斯均衡，而是具有循环或者不稳定性质的霍特里-小谷过程之中。在这种情况下，利用计量经济模型预测的政策效果不符合现实不如说是情理之中。这些预测所涉及的不过是政策调整会对凯恩斯-希克斯均衡产生什么影响，因此，这些预测无法在定性上和霍特里-小谷过程吻合。

综上所述，霍特里-小谷的全新动态不均衡分析框架，不仅从理论上为解决现代经济学面临的市场不均衡课题指明了方向，还为我们进行实证以及政策性分析提供了重要的研究视角。

社会不均衡

纵观日本经济近年的发展,伴随经济增长,在过去 30 多年不断积累了各种经济、社会问题。甚至可以说,日本经济已经病入膏肓。以自然环境污染问题和社会资本扭曲导致的城市发展问题为首,土地、交通、医疗、教育等诸多领域出现了制度性问题。从表面上看,名义上国民收入水平以及工业生产能力得到了大幅提高,但实际上各种制度性问题使得国民生活水平和文化内涵都出现了严重的下降。日本经济结构的特有问题日益明显。如果从国民生产总值、实际国民收入、进出口量以及工业技术水平来看,日本的经济确实取得了优异的成绩,但是实际国民生活却很贫困,文化水准也很低下。这种强烈的反差恐怕在世界范围内也是少有的吧。换句话说,日本经济构造使得经济活动的成果并没有提升人们生活水平,也没有促进文化、科学、艺术等诸多方面的发展。日本经济发展难道不是建立在这种表象和内在背离,文化和人性倒退的基础之上吗?可以说,这些疑问都是人们在审视日本经济现状时首先涌上心头的。

国民生产总值、工业生产指数、进出口总额这些统计指标都具有市场经济指标的性质。这些指标都是通过将市场中交易的商品、服务和生产资料以市场价格加总得出的结果,无法在市场上交易的稀缺资源则尽数被排除在外。由于自然环境的破坏、污染以及城市环境的恶化等现象原本就被排除在市场经济制度考察之外的，它们无论是在理论上还是在统计上，都不会被看作问题。从政策制定的角度来看也是如此。从经济高速增长期开始，人们一贯地将市场经济指标作为衡量经济政策效果的标准，并据此制定出具体的政策措施。

更为过分的是，考虑稀缺资源的分配问题时，人们依据的也是"新古典经济学神话"——在私有制前提下，通过追求利润最大化的市场机制就可以实现高效的资源分配和收入分配。现实中，医疗、交通、土地、教育等原本不应追求私有利润的领域也引入市场机制，这种倾向日益强化，国民的实际生活状况也因此日益恶化。

当我们这样梳理日本经济的现状时，会发现其根源和当今经济学的思想，特别是新古典经济理论的思想是一脉相承的。

原本新古典经济理论的研究对象只局限于纯粹意义上的市场经济制度。在这样的经济制度中，制约生产、消费的稀缺资源均为私有，即生产资料私有制是市场经济制度最重要的前提条件。因此，自然环境或城市环境这些本身并不能够被私有的资源，本来就不是新古典经济理论考察的对象。新古典经济理论的词典里根本就没有污染和环境破坏等词汇。这种评价对凯恩斯主义也同样适用。凯恩斯虽然曾经对新古典经济学的理论前提进行过猛烈的批判，但是在环境污染等问题上，凯恩斯沿用了新古典经济理论的分析框架。

纯粹意义上的市场经济制度，实际上可以理解为是由理性经济人所组成的市场经济，它只有在所谓真空状态下才能发挥作用。

正如凡勃伦所评述的那样，新古典经济理论（凯恩斯主义理论也同样）所描述的世界实际上是一个无比黑暗的世界。在这个黑暗的世界里，经济人是有着众多欲望的个体，他们没有历史的记忆，彼此孤立，却能够像机器一样瞬间计算出自己的快乐和痛苦。但是，现实中的市场经济无论选取何种形态，都不可能像在真空世界里那样发挥作用。现实中的市场经济实际上是在基于历史、自然等条件形成的政治、文化、社会等诸多制度中运行，也具有空间上的限制。组成市场经济的经济主体不仅有个人，还有企业，它们都不只是经济人，还是在特定的政治、文化、社会制度中生活、行动、密切关联的社会人。市场经济制度实际上也是在这样的条件下日渐成型的，绝不是像货币主义经济学所设想的那样是一个绝对的一成不变的制度。当我们从这个角度理解市场经济制度时，必须考察市场经济制度所处的社会。为了将研究重点放在分析社会和市场经济的关联，就必须引入社会共通资本（social overhead capital）这一概念并尝试构筑一个新的分析框架。

社会共通资本

社会共通资本这一概念实际上是以经济学的方法分析市场经济制度运行所依赖的范围更广的社会，分析其中自然的、人为的以及制度的环境，再返回来理解市场经济。因此，社会共通资本可以这样来定义。在市场经济中，生产、消费等经济活动需要的所有稀缺资源，包含商品和生产资料的存量，按其所有制可以分为两大类，即私有资本和社会共通资本。私有资本属于各个经济主体，所有者依据主观价值判断，可以自由地处置私有资本，同时还可以在市场中交易。虽然所有制可以有多种形态，但如果从各个经济主体对资源行使使用权和处置权的自由程度上看，还是资本私有制更能保证所有者对资源的支配。私有资本由各个经济主体付出相应的成本进行生产和购买，而此后源源不断产生的服务也都由私人享受。除了土地、工厂、机器设备等生产资料，住宅、家具、汽车等也属于私有资本。此外，通过研究、教育等所获得的技术、知识以及技能等无形资本一般意义上也被列入私有资本的范畴。在这里我们所用的"资本"一词不同于一般经济学中的"资本"，是指能够长期生产某种服务的稀缺资源的存量。费雪也曾经这样使用"资本"这一概念。

与此相对，社会共通资本不能被私有，完全处于社会管理之下。社会共通资本生产的服务也不是通过市场机制分配，而是遵循社会性准则供应和分配给社会成员。

社会共通资本按其功能主要可以分为两种。一种是空气、河流、森林等自然资本，另一种是堤防设施、道路、港湾、公园、下水道、电力、铁路等社会资本。但是，这种分类既不排他，也不完备。换句话说，即使称为自然资本，比如河流，只有建设了相应的防洪堤坝设施等社会资本后才能使其发挥应有的作用。此外，司法、教育、医疗、城市，甚至市场本身则作为制度资本在社会共通资本中占据一席之地。

上文已经提到，社会共通资本产生的各种服务并不是通过市场进行交易，而是遵循社会性标准进行供给和分配。私有商品和服务的生产是生产者为了追求自身利润而进行的，并基于市场上的价格进行交易。国民收入、消费以及投资等市场经济性质的指标也都是市场中交换的私有商品和服务的统计数字。与此相反，社会共通资本生产的服务并不包含在上述统计中。

但是，人们的实际生活水平，以及私有生产资料的生产效果很大程度上都依赖社会共通资本。在经济活动中，社会共通资本是不可缺少的。相反，如果维持基本生活所必需的商品和服务被当作追求私利的手段，通过市场来提供，就会导致社会或文化层面出现人们不想看到的结果，引起经济上的低效或者分配不公，最终酿成社会动荡。

在一个国家的经济社会中，何种稀缺资源被当作社会共通资本，按照社会性标准加以管理而不是被私有化，是由该国的历史、政治、社会以及文化等诸多因素决定的。从某种意义上来说，社会共通资本也表现出了一国经济社会的制度特征。特别是，如何分配社会共通资本生产的服务和该国对于公民基本权利的具体规定有着极为密切的联系。

通常，近代公民社会的理念必须有明确前提才能真正发挥作用，这个前提就是，在决定公民的基本权利时，要经过怎样的手续来获得社会的共识。

公民的基本权利，是指作为一个国家的公民自然就应该享受的权利。它与财产、收入的多寡以及一切先天和后天因素无关，并且包含了很多种权利。公民基本权利中最重要的构成要素就是 18 世纪至 19 世纪逐渐形成的自由权利。公民自由不仅包括思想、言论以及信仰等在人类意识中最深层次的自由，还包括出于自身喜好和目标选择生活方式、职业的自由，以及选择加入或拒绝加入某类团体的自由。由亚当·斯密提出并由约翰·密尔明确表达的公民自由，不仅是古典经济学的前提，还是最重要的一种公民基本权利。经过 20 世纪前 50 年的发展，公民基本权利的范围不断扩大，其背景是生活权思想影响力的扩大，这种思想认为每个人都应该拥有过上健康舒适生活的权利。换句话说，生活权是人类社会在文化上应该保证每个人至少享受衣、食、住、教育、医疗、交通、自然环境等最低限度的服务。政府的责任是维持一种能够保证公民享受上述基本权利的制度。

最低限度的健康舒适的生活水平具体应该如何确定是一个难题。一般来说，可以这样判断最低限度的标准，也就是当一个人无法维持最低限度生活水平的时候，将难以维系其人格尊严以及作为公民的荣誉感。这种对于人的理解，显然不是新古典经济学理论中描述的相互孤立的经济人，而是亚当·斯密描述的基于共情能力维系的社会性公民，这种认识可以启发我们寻找在现实中具有操作性的生活权标准。

社会共通资本和社会的不稳定性

社会共通资本的概念和具体内容都基于公民的基本权利。如果某种稀缺资源生产的服务与公民的基本权利密切关联，且通过市场机制提供这些服务会损害社会正义以及实际收入分配，那么将这种稀缺资源列为社会共通资本，并将其置于社会管理之下就是更理想的做法。

当充分的公民基本权利不是通过社会共通资本，而是通过市场经济制度下的收入再分配政策来保障时，通常会引发社会的不稳定。我们可以先把市场机制分配方式放在一边，考察采取收入保障政策保障公民基本权利的情况。

假设全社会已经形成了关于最低限度的健康舒适生活水平的共识。维持这种生活所需的最低收入在现行市场价格体系下是每月10万日元，因而收入再分配政策要保证每人每月至少可以获得10万日元的收入。收入没有达到10万日元的人将获得补助，补助的资金来自高收入群体缴纳的税收。此时，低收入群体的需求将会增加，高收入群体的需求则会降低。因此，对于维持基本生活的商品和服务的需求将会增加，而对于非必需的商品和服务的需求则会减少。由于满足基本生活水平的商品和服务的价格弹性低，伴随这种需求的增加，其市场价格会相对升高，而非必需商品和服务的市场价格则会降低。因此，在下一个月，每月 10 万日元已经很不能维持基本生活开销。我们再假设此时需要 10.5 万日元。假设发生同上的需求变化，即满足基本生活水平需求的商品和服务的市场价格上升，维持基本生活水平所需的收入也同时上涨。这导致无法获得最低收入的人占总人口的比例持续上升，随之而来的是收入转移支付总额提高，这样也会导致社会不稳定。

如上所述，社会共通资本的制度才是充分保障公民基本权利以及维护社会安定的有效制度。

合理的社会共通资本制度

社会共通资本的存在不仅在经济周期的运转上发挥着重要的作用，从某种意义上，它也成为塑造现代资本主义特征的一个重要的契机。政府在此过程中的责任就是建设和维护社会共通资本，并且公正地分配由此生产的服务，使得所有公民都能充分享受因公民权而来的服务，这样做也有助于政府实现保证私有资本有效分配的功能。亚当·斯密在其著作《国富论》一书的第五篇中曾经阐述过国家主权应该做的事情，我们将亚当·斯密提出的内容放到社会共通资本这一框架下重新审视，就可以非常明确地理解国家主权的经济学含义。此外，20 世纪 70 年代流行一时的反凯恩斯主义经济学思想究其实质也是否定社会共通资本存在，仅仅以极为狭隘的视角对资本主义经济制度进行了分析，分析结果具有严重的不现实性和反社会性，这一点不足为奇。

当我们在分析社会共通资本在经济周期中发挥的作用时，究竟应该采用何种分析框架呢？对于这个问题，在我的另一本经济学书籍《动态经济理论》以及《社会共通资本的经济理论》（"Sur la théorie économique du capital collectif social"）中有过详细的分析，在这里我仅简述其概要。

首先，我们考察社会共通资本作为生产过程中的生产要素发挥作用的情况，此时的社会共通资本是生产必需的基础设施。假设整个社会中的社会共通资本存量为 V。生产主体 j 的生产量 Q_j 自然由其使用的私有资本数量 K_j 以及雇用劳动人数 N_j 确定。生产主体 j 的私有生产要素的边际产量主要受社会共通资本生产的服务的使用量 X_j 左右。由于在一般情况下，社会共通资本产出的服务还伴有混杂现象，我们可以将生产主体 j 的各个生产条件整合到以下生产函数：

$$Q_j = F_j(K_j, N_j, X_j, X, V)$$

这里的 X 代表整个经济中社会共通资本生产的服务的使用量。

上述生产函数的一个重要特点就是，X上升时生产量Q_j反而降低。相反，社会共通资本存量V增加却可以使生产量Q_j增加。

相反，当社会共通资本存量V和私有资本总量K都是既定数量时，我们应该基于何种制度才能够实现社会层面的最佳资源配置呢？这是一个静态最优配置的问题。很容易想到的是，如果实现静态最优配置，私有资本以及产品需要一个完全竞争市场，在社会共通资本生产的服务与使用社会共通资本的边际社会成本相等时，社会共通资本生产的服务实现最优配置。在这里我们所说的边际社会成本是指，增加使用一单位的社会共通资本，各个生产主体的生产量减少的合计值。

社会共通资本生产的服务作为消费品的使用情况也和前述的研究方法一样。假设对于消费者i，其效用水平U_i的大小基于私有消费量C_i、社会共通资本生产的服务的使用量X_i、经济整体中社会共通资本生产的服务的总使用量X，以及社会共通资本存量V。

$$U_i = U_i(C_i, X_i, X, V)$$

同样，当经济整体中社会共通资本使用量X增大时，各个消费主体i的效用水平会下降。

在这种情况下，使用社会共通资本发生的边际社会成本，还需要在上面的定义上加上所有消费主体实际损失的总和。

随着经济活动水平的提升，多数的社会共通资本与私有资本相比会显得更稀缺,而经济活动混乱日益加剧,边际社会成本逐渐升高。这也意味着原本用来充分满足公民基本权利的社会共通资本的功能日趋降低。以空气为例,随着经济活动水平的提升,空气污染变得日趋严重,每个人呼吸到的空气质量也会不断恶化,空气作为社会共通资本的功能将会持续下降。这就是所谓的"污染问题"。对于这种状况,为了能够维持社会共通资本的合理使用,我们应该对社会共通资本的使用进行严格限制或者通过公共投资积累增加社会共通资本的存量。关于社会共通资本,究竟需要积累何种形式的社会共通资本以及以何种速度进行积累,这涉及最优公共投资的问题。这个问题请参考我之前提到的《动态经济理论》,在此我不再赘述。但我想强调的是,这是现代资本主义最基本的一个课题,对于市场经济制度的稳定运营以及解决市场不均衡和社会不均衡问题都有着极为重要的意义。

终　章

我曾于1980年春至夏在美国明尼苏达大学进行了近6个月的访问研究。明尼苏达大学虽然整体规模不是很大，但其经济学部有着很强的实力，我以前多次访问过这里。但是，在此次访学期间，学生之间弥漫的异样气氛还是让我感到惊讶。当时的明尼苏达大学已经成为理性预期学派信奉者的圣地之一，不仅明尼苏达大学的学生，还有从其他大学慕名而来的众多"信徒"都聚集于此。他们把理性预期学派称为"RE"（rational expectations），相互之间不断地确认对方是否是真正的信奉者。卢卡斯的两篇论文，《预期与货币中性》（"Expectation and the Neutrality of Money"）和《对经济周期的理解》（"Understanding Business Cycles"）对于这些人来说是最为重要的论文。现在我仍然能够清晰地记得，有一位女性研究者甚至能够全文背诵卢卡斯的《对经济周期的理解》。她每次讨论时都能够指出论文的第几页里有相关的文字。当时她闭着眼睛犹如背诵《古兰经》一样背诵论文的样子让我深感怪异。

同年 4 月，米尔顿·弗里德曼在著名的《自由选择》(*Free to Choose*) 一书中提到"潮流变了"，强调凯恩斯主义经济学已经走向陈腐，货币主义经济学开始成为新的经济学主流思想。同年 8 月，"骗子"里根发表了三个纲领登上历史舞台。这三个纲领分别是：第一，大幅增加军费开支；第二，三年以内降低所得税税率 30%；第三，改善政府预算赤字问题。这三个纲领的理论基础来自供给学派的拉弗曲线。

在我去明尼苏达大学之前，詹姆士·托宾曾开设过一个学期的课程。但是据说因为受到 RE 方面的妨碍，课程基本上没能按照计划实施。当时，托宾被视为美国凯恩斯主义经济学的统帅，以布坎南的《赤字中的民主》(*Democracy in Deficit*) 一书对他的批判为代表，他自然也成了反凯恩斯主义学派攻击的焦点。令我至今仍印象深刻的是，托宾微笑着说自己的博士论文 80% 都是有关理性预期的内容。在明尼苏达大学，甚至还有个来自以色列的学生脑洞大开地在自己的博士论文中使用理性预期假说的方法研究埃及的农业问题。他分析前提是每个农民都能准确地知道未来天气的客观概率分布，并在此基础上选择最合理的行为。在当时的环境下，如果不采用理性预期假说的方法就难以完成学位论文，也很难在专业期刊上发表论文。

上述状况在20世纪80年代中期开始出现了一些改变。里根政府初期的经济政策是基于货币主义以及供给学派的理论制定的，出现了极为明显的失误，这也向世人暴露了这些经济思想在理论上的缺陷以及现实上的不可行。更重要的是，更多的青年经济学家开始强烈意识到20世纪70年代反凯恩斯主义经济学的理论缺陷，开始反感RE信奉者近乎狂热的行为。经济学的潮流由此迎来了重大的变革，开始从特定的意识形态或某种神话中解放出来。可以说经济学研究不仅是日渐重归本源，而且还为日后的发展开辟了新的天地。

在新经济学的潮流中，占据主导地位的是美国经济学家乔治·阿克洛夫（George Akerlof）和约瑟夫·斯蒂格利茨（Joseph Stiglitz）这两位年轻的经济学家。1971年，阿克洛夫将二手汽车市场模型化，并将"柠檬"（卖家知道那是劣质商品，而买家则无法辨识）市场进行公式化，分析了信息不对称在市场机制中发挥了何种影响。阿克洛夫的这篇著名论文可以说为经济学开启了新的篇章。阿克洛夫的成就在于他没有将市场经济主体设定为所谓的"经济人"，而是强调他们具有历史、社会和文化属性，是通过刻有这些属性印记的交流最终形成自身价值的组织中的个体。同时，阿克洛夫还将信息、知识、技术等制度因素和经济周期的联系加以公式化，在此基础上展开分析。他的理论汲取了托斯丹·凡勃伦倡导的具有制度性且具有进化论特征的理论精华，又将琼·罗宾逊的问题意识以理论的形式加以公式化。而且，进入20世纪60年代，阿克洛夫巧妙地利用日趋精致化的数理经济学特别是博弈论，使自身的理论推导不断臻于完善。斯蒂格利茨则将新经济学潮流更向前推进了一步，他的研究领域涵盖产业组织、金融市场的构造、风险、道德风险的理论分析，甚至还包括对地方公共服务的理论探讨。他精力充沛地在上述领域开展了先驱性的研究。虽然斯蒂格利茨的这些研究对于宏观经济学的发展将会产生怎样的影响还不明确，但是毋庸置疑，他和他的研究伙伴们在新经济分析领域里还是留下了具有开创性的功绩。虽然现在还不能明确阿克洛夫和斯蒂格利茨主导的现代经济理论结果如何，但是显然，经济学的历史自20世纪80年代开启了一条崭新的地平线。

在经济学新潮流当中特别值得关注的是与环境相关的经济分析。正如之前详细叙述过的，环境问题可以纳入社会共通资本的理论体系并从理论的角度分析它与经济周期的关系。社会共通资本这一概念本身就是由于20世纪60年代到70年代初期，工业活动造成自然环境破坏，严重阻碍了经济周期的稳定性而提出的。进入80年代后半期，环境破坏问题的性质已经和之前有了很大的不同，社会共通资本的理论含义也更加明确，这一概念在分析中的重要性也愈发显著。

正如地球温室化效应象征的那样，环境问题的主要原因是化石燃料大量消费和热带雨林的破坏。这些问题都是近代文明发展造成的，也构成了政治上和经济上的重大课题。要解决这些问题，就需要新的经济学思考方式。之前提到，现代经济学有两个重大的问题领域，即市场经济的动态不均衡分析和社会共通资本理论，环境问题和社会共通资本之间的关系更加密切。

地球环境问题，一方面涉及当代人和子孙后代之间公正分配的问题，另一方面事关发达国家与发展中国家之间的经济差距。

经济学，特别是现代经济学，未必深入思考过公正性问题。环境问题再次向经济学者提出了一个切实的课题，即如何在经济学的理论中分析分配的公平性问题。分析环境问题不是简单地换个角度分析地球温室化效应，而是要构筑新的经济学分析框架，开拓经济学研究的新天地。已经要进入 20 世纪的最后一个 10 年了，我们期待以社会共通资本为轴线，展开新经济学的画卷。

后　记

　　最近 3 年左右的时间，我在岩波书店出版了好几本书。这些书都是我将自己过去十几年间发表的论文根据主题整理而成的。最近，岩波书店的大塚信一先生对我提出了如下的批评：先生发表了很多关于经济学的碎片化研究，但是您自己关于经济学整体的思考到底是怎样的呢？当然，大塚先生的措辞更加委婉，不过我还是领会到了他的意思。可以说，本书就是针对大塚先生批评的回答。

　　本书以我至今读过的让我深受感动的经济学书籍为线索，介绍了我是怎样形成自己的经济学思考方式的。本书回顾了亚当·斯密、李嘉图、马克思、瓦尔拉斯、凡勃伦、凯恩斯、琼·罗宾逊的思想，概括介绍了目前经济学的潮流和发展方向。然而，对于这些伟大经济学者的介绍，说到底我的理解还很有限。我对于这些作品的误解、理解不够的情况有很多，此外，也应该有不少以这些经济学学者的名义，来阐述我自己的思考的情况。

经济学到底是怎样的学问呢？过去，琼·罗宾逊曾经试图对此下定义，但是没有成功，只得到了经济学就是经济学者所从事之事的结论。虽然可能不像罗宾逊所说的那么夸张，但是经济学确实内容多样，分析手法也不一而足。

本书就是按照我自己的理解，梳理丰富多彩的经济学思想共通的思考方式，并加以体系化的尝试。本书并不是经济学史的读物，它关注的焦点是经济学的思考方式是怎样形成的，又是怎样发展的。我想强调的是经济学者怎样认识他们所在的时代，并把他们的见解升华为经济学理论的。我的尝试是否成功，需要交由读者判断。但是，如果本书能够对于学习经济学的人有些许帮助，那么我将不胜荣幸。

本书参考的书籍和论文很多。我尽量列出这些参考。此外，本书主要是基于下述书籍和作者的思考而写成的。我引用这些书籍内容的时候，很多处采用了概括的方式。特别是在引述琼·罗宾逊传记的时候，基本上没有原文引用。

《现代经济学的再思考》（岩波新书，1977年）

《阅读凯恩斯〈通论〉》（岩波新书，1984年）

《现代经济学的转换》（岩波新书，1986年）

《现代日本经济批判》（岩波新书，1987年）

《寻找公共经济学》（岩波新书，1987年）

此外，我也从平凡社的《大百科事典》中引用了"经济学"和"归属理论"条目下的少数内容。

在本书写作过程中，从最初的策划开始我就一直承蒙大塚信一先生的关照，再次向他深表谢意。

宇泽弘文

1988 年 10 月

图书在版编目（CIP）数据

像经济学家一样思考 /（日）宇泽弘文著；李博，尹芷汐译. -- 北京：北京联合出版公司, 2022.7（2025.7 重印）
ISBN 978-7-5596-6182-1

Ⅰ.①像… Ⅱ.①宇… ②李… ③尹… Ⅲ.①经济学—通俗读物 Ⅳ.① F0-49

中国版本图书馆 CIP 数据核字 (2022) 第 072030 号

KEIZAIGAKU NO KANGAEKATA
By Hirofumi Uzawa
© 1989, 2014 by Uzawa Kokusai Gakkan
Originally published in 1989 by Iwanami Shoten, Publishers, Tokyo.
This simplified Chinese edition published 2022 by Ginkgo (Shanghai) Book Co., Ltd., Shanghai by arrangement with Iwanami Shoten, Publishers, Tokyo

本书中文简体版权归属于银杏树下（上海）图书有限责任公司。
北京市版权局著作权合同登记 图字：01-2022-2138

像经济学家一样思考

著　　者：［日］宇泽弘文
译　　者：李　博　尹芷汐
选题策划：后浪出版公司
出 品 人：赵红仕
出版统筹：吴兴元
责任编辑：牛炜征
特约编辑：王晓辉　方　丽
营销推广：ONEBOOK
封面设计：墨白空间・曾艺豪

北京联合出版公司出版
（北京市西城区德外大街 83 号楼 9 层　100088）
天津中印联印务有限公司印刷　新华书店经销
字数 141 千字　889 毫米 ×1194 毫米　1/32　7.25 印张
2022 年 7 月第 1 版　2025 年 7 月第 4 次印刷
ISBN 978-7-5596-6182-1
定价：40.00 元

后浪出版咨询（北京）有限责任公司　版权所有，侵权必究
投诉信箱：editor@hinabook.com　fawu@hinabook.com
未经书面许可，不得以任何方式转载、复制、翻印本书部分或全部内容
本书若有印、装质量问题，请与本公司联系调换，电话 010-64072833